KB009616

유창성 장애의 이해와 치료

유창성 장애의 이해와 치료

장승옥 · 신상헌 지음

리북

책을 내면서

유창성 장애(말더듬)는 당사자들에게 '조용한 고통'
으로 표현될 수 있습니다. 지구상의 65억 인구 중 약 1%
정도, 즉 6,000만 명 이상의 사람들이 오늘도 외로이 말하
기 고통에서 벗어나기 위해 온갖 노력을 하고 있습니다.

한국에서는 40만 명으로 추정되는 유창성 장애를 가
진 사람들이 다양한 정보와 지지를 주고받을 수 있는 다
양한 공간을 마련하고 있는데, 이 중에서 인기있는 한
인터넷 사이트에는 이 장애에 관심이 있는 사람들의 방
문 횟수가 300만 건 이상에 이르고, 자발적으로 고통을
나누는 회원 수만 3,000명에 이릅니다. 최근에는 많은
사람들이 해결책을 구하기 위해 쉽게 온라인 정보를 이
용하는데 이 덕분으로 항상 접속되어 있는 건수도 수십
명에 이릅니다. 하지만 회원수는 전체 말더듬 인구에 비
하면 1% 밖에 되지 않습니다. 여전히 많은 사람들 특히

5

10대와 20대들은 말더듬 교정을 위해 혼자서 고통을 견디면서 외로운 싸움을 하고 있습니다.

연령별로 보면 아직 말더듬과 관련된 해결의 출처를 알지 못하는 10대 이하는 나타나 있지 않지만, 10대는 700여명, 20대 약 900명, 30대 약 500명, 40대 150여명, 50대 80여명, 60대 80여명으로 분포되어 있습니다. 이러한 분포는 나이가 들수록 장애가 줄어든다는 희망적인 연구결과를 그대로 나타내주는 사실이기는 하지만,[1] 고통의 대상은 사회에의 진출을 준비하는 10대에서 도약해야 하는 30대 사이가 전체의 90%를 차지하고 있어 말할 수 없이 매우 심각한 개인의 문제일 뿐 아니라 사회적 문제로서 숨겨져 있다고 할 수 있습니다.

하지만 말더듬은 그 증상이 불규칙하여 말더듬의 이해나 치료를 위한 사회적인 지원이나 연구 면에서 많이 부족한 것이 사실입니다. 미국의 경우 비영리기관인 Stuttering Foundation of America[2]에서 많은 학자들과 전문가들이 참여하여 매우 유익하고 훌륭한 이론이나 교정법이 제공되고 있습니다. 하지만 여기에서도 발표

---

1) 인터넷 사용인구비율의 영향도 간과할 수는 없으나, 40대와 50대도 인터넷 인구로 본다면 연령이 증가할수록 말더듬 인구가 줄어드는 것으로 판단할 수 있음.
2) www.stutterSFA.org

된 연구들을 살펴보면 대부분 당사자들 그리고 관련된 사람들에 의한 연구들이 많습니다. 한국에서는 몇몇 연구모임과 나눔모임들이 노력하고 있으나, 여전히 사회의 관심 밖이라 할 수 있습니다.

책을 통해 새로운 정보를 제공한다는 것은 쉽지 않은 일입니다. 당사자들이 알고 있듯이 말더듬의 해결책은 이미 주위에 있는지도 모릅니다. 개개인의 서로 다른 성격과 특성에 맞는 말더듬 치료법을 만나지 못했을 뿐이라고 생각합니다. 따라서 이미 나와 있는 교정이나 치료 방법을 알기 쉽게 정리하고 최신 정보를 더 제공한다는 마음으로 이 책을 만들었습니다. 말더듬 경험자의 사례를 바탕으로 기술한 국내문헌보다는 외국문헌들을 활용하여 기초적인 정보를 제공하고자 하였습니다.

개인적 생각으로 말더듬이라는 유창성 장애는 무형에서 유형의 문제를 창조하는 사람들의 심각한 말장난일 수도 있습니다. 모든 장애는 본인에게는 심각하지만 다른 사람에게는 별것이 아닐 수도 있습니다. 말더듬이라는 장애는 특히 상대적인 현상입니다. 따라서 여러 가지 상황과 원리를 깨닫는다면 말더듬 현상은 생각보다 쉽게 교정될 수 있습니다. 자신의 말더듬을 교정하기 위해서는 물론 개개인이 전문가 수준으로 공부하고 다양한 시도를 해야 합니다.

이 책에서는 밝혀지지 않은 말더듬의 원인보다 악화 요인에 대해 설명하고 교정과 치료 방법을 다양하게 제시하려고 하였습니다. 또한 말더듬을 단계별로 체계적인 이해를 하고 증상에 따른 대처방법을 다르게 설명하고 있습니다. 특히 어린이들의 말더듬에 대해서는 질문과 답으로 정리하고, 부모가 쉽게 이해하여 자녀들에게 도움이 되도록 시도하였습니다. 본서가 말더듬에 대한 이해와 교정법을 제시하는 안내서의 역할을 하기를 바라는 마음입니다.

2010년 11월

차 례

책을 내면서

제 1부

말더듬의 현상과 정의

말더듬은 중얼거림으로 알려져 있으며, 원하지 않는 소리, 음절, 단어, 구절의 반복, 연장이나 소리를 낼 수 없어서 묵음이나 막힘으로 자연스럽게 말하지 못하는 언어장애이다. 말더듬이란 용어는 원치 않는 소리의 반복이 가장 흔하지만 대개 모음, 반모음과 같은 특정 소리의 막힘이나 연장과 같은 말더듬, 말하기 전의 비정상적인 연장이나 정지도 포함한다. '말더듬'의 정도는 다양하다. 대부분 감출 수 있고 거의 감지할 수 없는 장애를 가진 사람뿐 아니라 극단적으로 심각한 증상을 가진 사람까지 말더듬 문제는 대부분의 언어적 의사소통을 할 수 없는 사람을 포괄한다.

말더듬이 개인의 기능과 정서 상태에 미치는 영향은 심각하다. 이 대부분은 듣는 사람은 알아차리지 못하는데, 특정 자음이나 모음을 발음해야 한다는 두려움, 사회적 모임에서 말을 더듬게 될까하는 두려움, 스스로 강요한 고립, 불안, 스트레스, 창피함, 연설 중 통제력 상실 등을 포함한다. 말더듬은 불안과 종종 연결되지만 실제로는 그런 연관성은 없다. 그러나 실제로 말더듬의 결과로 사회적 불안이 개인에게 나타날 수는 있다. 또한 대중적 인식에도 불구하고 말더듬은 지능과 무관하다.

아마도 말을 더듬고 싶어 더듬는 사람은 없을 것이다. 하지만 어쩔 수 없이 말을 더듬게 될 때에는 마치 목이 잠기는 것 같아 어떤 단어들을 발성하기가 어려워진다. 때로는 첫말을 반복하는 현상을 나타내기도 한다. 힘주어 말하고자 할 때 상황이 악화되는 경우도 많고, 다른 사람들은 입으로만 말할 때 온몸이나 얼굴을 찡그리면서 말하기도 한다. 이런 상황에서 듣고 있는 친구들은 도와주려고 하지만 종종 말하는 사람의 입장에서는 말하기가 더욱 어렵게 된다. 사람들은 왜 말을 더듬는지를 잘 이해하지 못한다. 왜냐하면 혼잣말을 할 때나 동물에게 이야기할 때는 대체로 자연스럽게 말을 할 수 있기 때문이다.

이렇게 말더듬이의 심각성은 심한 말더듬이들에게조차 일정하지 않다. 말더듬은 일반적으로 다른 편한 사람과 이야기하고, 다른 사람의 말을 흉내내고, 속삭이고, 노래하고, 연기하거나, 애완동물, 어린 아이 또는 그들끼리 이야기할 때면 놀랄 정도로 자연스럽고 유창성(흐름)이 증가한다. 대중연설이나 전화로 말하기처럼 다른 상황은 말더듬는 사람들에게는 종종 매우 두려운 일이며 말더듬도 심해진다고 알려져 있다.

*1*장
말더듬

유창성 장애(말더듬, stuttering)는 의학적 용어로 자음발어불능증(alalia syllabaris, 字音發語不能症)이라고 하며, 뇌장애에 의한 말더듬은 문자구어장애(文字構語障碍 혹은 문자실구어증 文字失構語症, anarthria literalis)로 부른다.

(말)더듬은 더듬는 행위 그 한 부분을 의미한다. 주요 말더듬 행위는 반복되는 소리나 음절 그리고 단어나 구절, 발성의 지연과 침묵 등 언어 유창성의 문제가 뚜렷하게 관찰될 수 있는 신호이다.

이러한 행위는 오래 지속되고 자주 발생하며, 말하기위해 더 많은 노력과 긴장을 불러온다는 점에서 다른 보통사람에게서 발견되는 정상적인 어눌함과는 다르다. 말더듬과 어눌함은 질적으로 다르다. 정상적인 어눌함은 단어나 구절, 일부 구절의 느림의 반복이지만, 말더듬은 연장, 장애 및 일부 단어의 반복으로 특징지어진다.

소리와 음절, 단어나 구절과 같은 언어의 단위가 반복될 때 반복소리가 발생하며 이는 말을 더듬기 시작하는 사람들에게는 전형적인 초기증상이다. 예를 들면, '사−사−사−사과'로 발음되는 것과 같다. 연장은 '엄−−−마'처럼 연속된 소리의 부자연스러운 늘어짐이다. 연장도 말더듬이 시작되는 아동에게 흔히 발견된다.

발성장애는 소리와 음의 부적절한 정지인데, 종종 긴장 등에 의한 혀나 입술, 성대주름의 운동 마비에서 발생한다. 장애는 종종 고착증상인 후기에 나타나며 주로 근육 긴장의 결과로 나타난다고 알려져 있다.

말더듬은 더듬 그 자체로서도 당사자에게는 큰 문제라 생각할 수 있지만 보다 심각한 문제는 다음에 설명되는 수반동작, 심리변화 그리고 행동변화로 이어져 결과적으로 사회에서 고립되는 결과로 이어지는 위험이 발생한다는 점이다. 따라서 말더듬은 더듬 그 자체의 단계일 때 교정을 마쳐야 하고, 말더듬 자체와 관련성이 낮아지는 문제 영역으로의 확장되지 않도록 진행을 조절할 수 있도록 노력하여야 한다.

2장
수반동작

수반동작은 주로 말더듬 자체에서 벗어나기 위해 도움이 될 것으로 생각하는 신체적 움직임을 의미한다. 수반동작은 개인에 따라 다르지만 아동들의 경우는 말을 할 때 호들갑을 떨면서 이야기 한다든지 주로 활발하면서도 비슷한 움직임을 보여주고 있다.

초기증상에서 시간이 지나거나 나이가 들수록 말더듬을 제거하려는 행동과 그 행동을 숨기려는 이중성을 가진 행동이 수반된다. 말이 나올 때까지 조용히 기다리다 말을 시작한다든지, 남몰래 주먹을 쥐거나, 발가락에 힘을 주는 등 개인에 따라 매우 다양하지만 최소한의 움직임을 유지하려고 노력을 한다는 점은 공통적으로 나타난다.

사람들이 다양한 신체적 결함을 숨기려고 하는 심리와 마찬가지로, 말더듬는 사람은 자신의 말더듬을 신체적 결함으로 인식하고 다른 사람의 염려 또는 무관심과 관계없이 감추고 싶어한다. 따라서 하나의 최소동작으로 말더듬의 장애가 없어졌다고 생각되면 그 동작의 효력이 끝날 때까지 그 동작을 반복한다. 그러나 비록 최소한의 동작일지라도, 가까운 가족이나 친구들은 종종 그 동작을 쉽게 알아챌 수 있다.

　최소한의 동작, 예를 들어 눈을 한번 깜박이며 말을 시작하는 동작은 전혀 문제가 될 것이 없기 때문에 당사자에게는 언급을 하지 않는 것이 일반적이다. '말더듬'이라는 어려운 신체적 결함에서 '말할 때 눈을 깜박'이는 단순한 버릇이 생겼다고 생각되기 때문이다. 하지만 말더듬은 이러한 일정한 작은 동작의 수반으로 지속적으로 교정되기는 어렵다고 보는 시각이 지배적이다. 정상적인 발성은 자연스러운 발성인데 반해 수반동작은 말더듬을 인식하고 스스로 취하는 수반행동이기 때문이다.

*3*장
심리변화

시간이 지나면서 말더듬은 당사자들에게 정서적으로 강하게 반응하게 만든다. 어른이 되어서 말더듬이 시작되는 사례는 거의 없고 말더듬이는 대부분 어린 시절에 시작되었거나 아이들에게서 나타나는 증상이다. 이런 반응은 갈등이나 회피행동으로 나타나기도 하고 말하는 것에 관해 부정적인 감정과 생각을 분명히 표현하기도 한다. 아이들이 자신의 진정한 감정이나 생각을 알아차리기는 어렵기 때문에 갈등이나 긴장 등의 행동은 아이들이 말하기 어려움을 진정으로 어떻게 느끼는지를 드러내 준다.

왜 하필 나일까?

말을 더듬는다면 성장하거나 나이가 들면서 스스로에게 '왜 하필 나일까(Why Me?)?'라는 생각과 고민을 많이 하게 된다. 그리고 말더듬 때문에 나타나는 당혹감, 창피스러움, 좌절, 두려움, 분노와 죄책감은 실제로 말더듬을 증가시키고 이로 인해 긴장과 노력도 증가된다. 지속적으로 말하기가 어렵다는 경험을 하게 되면 말더듬는 사람은 시간이 지나면서 부정적인 자아상과 자아이미지를 형성하게 된다.

이런 단계에서는 말더듬이라는 단순한 행동에서 벗어나 새로운 짐을 마음에 싣게 되는 과정으로 이동하는데 이런 불필요한 과정은 자신도 모르게 이루어진다. 그리고 말을 더듬게 되면 이들은 자신의 태도를 불안하거나 어리석다고 생각하는 다른 사람들에게 투사한다. 이런 부정적인 감정과 태도는 치료 프로그램의 주 초점이 되어야 한다.

말더듬과 관련성이 낮은 영역으로의 진행을 막고, 왜 하필 나일까? 하는 의문에 답하기 위해 다음과 같이 생각하는 게 도움이 될 수 있다.

나만이 아니라 말더듬는 사람들은 다양한 많은 분야에 있다. 작가, 배우, 정치인, 학자, 사업가, 심지어 왕 중에도 말을 더듬는 사람이 있다. 보통 사람들은 학교에 다니고, 먹기 위해 일하고, 가족을 돌보며 혹은 그냥 행복해지기 위해 살아 간다. 이 모든 사람들도 때때로 스스로 바보같이 느껴질 때가 있고, 약하게 느껴지거나 가치가 없는 존재라 생각하고 창피해하거나 화나고 두려운 감정을 느끼며 살아간다. 당신은 이러한 감정을 느낀다면 그 이유가 당신의 말더듬 때문이라고 생각을 할 것이다. 그러나 사람들의 삶에는 항상 어떤 고통과 불행이 함께 한다. 어떤 사람은 많고 어떤 사람은 적게 느끼는 정도의 차이일 뿐 누구에게나 고통과 불행은 존재한다.

말더듬 때문에 전화를 피하고, 쉬운 단어로 바꾸어 말하고, 중요한 단어에 당황하고, 파티에서 외톨이가 되어 있거나, 말더듬 치료에는 진전이 없을 때 혼자라고 생각할 필요가 없다. 다만 싫어하는 일들을 어떻게 처리하는가? 하는 대처하는 태도가 생활의 영역을 상당히 바꿀 수 있게 한다.

말더듬 자체는 당사자에게 부정적인 인지, 정서적 영향을 줄 수 있다. 이 분야에서 유명한 연구자인 조셉 쉬한(Joseph Sheehan)[3]은 말더듬을 빙산에 비유했는데 말더듬은 물위에 드러난 부분이고 그 밑에 보이지 않는 거대한 부정적인 감정 덩어리가 있다는 그의 말은 매우 유명한 비유가 되었다.

---

3) Sheen, Joseph (2007) Messages to Stutterer + No Words To Say, DVD version, Studio Amick Holzman Company.

우리가 말더듬 그 자체로서 만족하고 교정을 시작해
야 하는 이유가 바로 여기에 있다. 제4부의 경험담에서
도 서술되어 있지만 사람들은 말더듬 이외에 많은 것들
을 스스로 큰 짐을 만들어지고 다니는 경향이 있다.

4장

행동변화

대부분의 사람들은 마음에 들지 않는 일들을 숨기고 싶어 한다. 머리색을 바꾸고, 화장을 하고, 높은 굽의 구두를 신어 감추려 한다. 하지만 때때로 숨기려는 행동은 예기치 않게 더 나쁜 결과를 낳을 수도 있다. 말을 더듬는다는 것을 숨기기 위해 말해야 하는 장소나 상황을 회피하거나 다른 활동을 기피한다면 자신을 말더듬으로 가득 찬 세상에 가두고 사는 느낌이 들 것이다.

말더듬 문제를 가진 사람들뿐만 아니라 모든 사람에게 두려움은 시간이 임박할수록 증가한다. 아무도 두려움을 느끼고 싶어하지 않고 가능한 빨리 없애려고 노력한다. 하지만 그렇게 하는 게 항상 좋은 방법만은 아니다.

말을 더듬게 될 것으로 판단되는 상황을 피하다 보면

이후에도 같은 상황이 다가오면 피하게 된다. 따라서 이러한 짜증나는 상황들만 증가하게 되는 것이다. 당신뿐만 아니라 다른 많은 사람들도 사는 동안 걱정하면서 시간과 정력을 낭비한다. 만약 말을 더듬는 사람들이 상황을 피하려고만 하고 어떻게 말을 할까 노력하지 않는다면 큰 문제가 아닐 수 없다.

　말하는 것을 피함으로써 말더듬는 것을 피하는 일은 말더듬을 가장 쉽게 숨기는 방법이다. 그러나 확실한 것은 쉽게 숨길수록 자신도 세상에서 점점 숨게 되는 결과를 가져온다는 것이다. 말더듬을 회피하려는 행동변화는 연구자들이 매우 우려하는 일 중의 하나이다. 제3부에서는 말을 더듬었던 경험이 있는 세계적으로 유명한 사람들을 소개하고 있다. 물론 국내에서도 다양한 분야 특히 말이 주 업무인 연설가나 아나운서들 그리고 강사, 배우 중 상당수가 말을 더듬은 경험이 있고, 지금도 긴장을 하면 말을 더듬는 사람들이 많다.

　명연설로 유명한 윈스턴 처칠은 그 전기에서도 나타났듯이 말더듬을 극복하기 위해 많은 고통을 감수하였다. 마치 보통사람들보다 하체가 약한 장애인이 보통사람들보다 강한 상체를 만들듯이 처칠은 말더듬을 결함으로 생각하고 노력한 결과 보통사람들보다 말을 더 유창하게 하고 명연설을 하는 결과를 가져온 것이다.

제 2 부

말더듬의 조기발견과 대처방안

1장
초기증상

　취학 이전의 아동들은 말을 더듬더라도 교정이 쉽고 빠르다. 연구에 의하면 말을 더듬는 미취학 아동의 약 65%가 초기 2년 내에 자발적으로 회복되었고, 74%가 10대 초반까지 진행하다 나아졌다. 그리고 특히 여자 어린이들의 회복과정은 남자 어린이보다 빠르게 향상되었다. 전문가의 조기 개입은 빨리 시작할수록 아동이 정상적으로 말하게 하는데 효과적이다.

　초기증상의 특징은 고착증상과 비교하면 자연스러운 말더듬으로 표현할 수 있다. 즉 아이들이 자신의 말더듬을 크게 알아채지 못하거나 이차행동으로 발전하기 이전의 상태이다.

　일부 아이들은 일단 말더듬이 생기게 되면 곧 바로

이차적 행동으로 발전시키게 되고, 회복을 위해서는 초기와 다른 치료나 교정법을 시행하여야 한다. 약 5년 후에는 말을 더듬는 아동의 18% 정도가 자발적으로 회복된다. 그리고 어린 아동들에 대한 치료는 말더듬의 흔적이 거의 남지 않을 정도로 완전하다.

성인이 되어서까지 말더듬이 진행되었을 경우 비록 전문가의 개입으로 부분적인 회복의 성과가 이루어진다 할지라도 성인들은 말더듬에 있어 완치는 알려지지 않았다. 비록 일반적인 질병처럼 사람들은 치료의 효과가 나타나지 않을 수도 있지만, 말더듬 치료를 통해 사람들은 종종 말더듬을 줄이고 그로 인해 정서적인 영향을 적게 받는 법을 배울 수 있다.

 초기증상

∨ 소리를 여러 번 반복한다.

∨ 단어를 여러 번 반복한다.

∨ 소리를 연장한다(소-소-소-소-소오리)

∨ 말을 할 때 본인이 모르는 부자연스러운 행동을 한다.

*2*장
초기증상의 대처

1. 자녀가 말을 더듬는다면?

성인들은 새로이 말을 더듬기 시작하는 사례가 거의 없으므로, 초기증상은 거의 모두 아이들에게서 발견된다. 만일 아이들이 말더듬 징후를 나타내면 다음과 같이 대처하는 것이 필요하다.[4)]

당신의 자녀가 대화에 어려움이 있고 특정 음절, 단어나 구를 반복하거나 주저하는 경향이 있으면 아이에게 말더듬 문제가 발생할 가능성이 있다. 그러나 아이는 단순히 말하기를 배우는 대부분의 아동이 경험하는 정

---

4) 이 자료는 버몬트 대학의 Barry Guitar 박사와 반더빌트 대학의 Edward G. Conture 박사가 편집함.

상적인 어눌함 단계를 경험하고 있을 수도 있다. 우리는
말더듬과 정상적 언어발달간의 차이를 이해할 필요가
있다.

2. 정상적으로 말이 어눌한 현상

정상적으로 어눌한 아이는 음절이나 단어를 간혹 한두
번 반복한다(이 - 이 - 처럼). 어눌함은 주저함과 "어"
"에" "음" 과 같은 군더더기 표현을 포함한다. 어눌함은
대개 한 살이나 한 살 반에서 다섯 살 사이에 종종 나타났
다 사라지는 경향이 있다. 이는 대개 아동이 새로운 방식
으로 언어사용을 배우는 중이라는 신호이다. 만일 어눌함
이 몇 주간 사라지지 않거나 다시 돌아오면 아이는 학습의
또 다른 단계로 진행하는 중일 수 있다.

3. 가벼운 말더듬이 있는 아이

가벼운 말더듬이 있는 아이는 두 번 이상 소리를 반
복한다('이 - 이 - 이 - 이 - 이' 처럼). 말하고자 할 때 얼
굴 근육과 특히 입주위에 긴장과 노력하는 흔적이 뚜렷
하다.
목소리 톤은 소리의 반복과 함께 높아지고 종종 아이

는 몇 초간 공기의 흐름이나 소리가 없는 상태인 '막힘'을 경험한다. 어눌한 말은 막힘이 오락가락할 수 있지만 없을 때보다 있을 때가 더 많다. 부모는 자녀와 이야기할 때 천천히 편안하게 말하는 모델이 되려고 노력하고 다른 가족들도 똑같이 하도록 권장할 필요가 있다. 비정상적으로 보일 만큼 느리게 말할 필요는 없지만 많이 쉬면서 서두르지 않고 말하는 방식이 권장된다.

TV 출연자들의 말은 대부분 빠르기 때문에 따라하는 모델로는 적합하지 않다. 매일 잠깐씩 보여주는 부모의 느긋하고 편안한 말하기는 아이에게 부모의 분산되지 않은 관심을 보여줄 뿐만 아니라 말을 따라하는데 가장 큰 도움이 되는 모델링이다. 부모는 아무 다른 일도 하지 않는 상태에서, 아이가 생각하고 말하는 건 무엇이나 들어주는 정기적인 시간을 잠시 (몇 분씩이라도) 마련하는 것이 좋다.

아이가 당신에게 말하고 질문을 하면, 대답하기 전에 일초쯤 쉬고 응답을 하라. 이는 아이가 서두르지 않고 좀 더 편안하게 말하게 도와준다. 그리고 말더듬이 증가할 때 당황하거나 귀찮게 생각하지 말라. 많은 새로운 기술을 배우면서 동시에 복습하고 있는 자녀는 최선을 다하고 있다. 부모의 인내와 수용하는 자세는 아이에게 엄청나게 도움이 된다.

쉬워 보이는 소리의 반복이나 지연은 가장 건강한 말더듬의 초기증상이다. 이처럼 긴장된 말더듬이나 단어를 회피하는 대신 자녀가 말을 더듬을 수 있게 해주는 것은 무엇이든 효과가 있다.

만약 말더듬이 악화되는 시기에 당신의 자녀가 좌절하거나 당황한다면 먼저 아이들을 안심시켜야 한다. 대부분의 아이들은 부모가 "말하기가 힘든 때가 있다는 것을 안다... 그러나 많은 사람들이 특정 단어에 막히기도 한다... 그건 괜찮은 일이다."라고 말해 주면 잘 받아들인다. 또 다른 아이들은 그들이 좌절했을 때 손을 잡아주거나 안아줌으로써 큰 위안을 받는다.

3장

고착증상

　고착증상은 쉽게 교정할 수 있는 초기단계를 지나 아이들이 자신들 말더듬의 심각성을 인식하여 말더듬 이외의 동반하여 나타나는 종합적인 증상을 포함한다. 초기단계에서는 정신적 부담이나 큰 신체적 동반작용없이 말더듬 그 자체 (그것이 아무리 이상한 행동으로 나타나더라도)만 표현되고, 말이 끝나면 더듬는 행동도 기억에서 사라진다.

　이에 반해 고착증상은 말을 더듬으면서 자신의 행동을 기억하고, 미래의 말에 대해 미리 염려하며, 이에 대비하는 행동을 사전에 취하는 등 말하기로 인해 생각이나 생활이 변화하는 단계이다.

　우리는 책의 앞부분에서 모든 사람은 독특한 개인적

방식으로 말을 더듬는다고 했던 사실을 기억할 것이다. 초기의 아이들은 한 단어나 단어의 부분을 여러 번 말하고, 다른 초기의 아이들은 완전히 말문이 막힐 때도 있다. 어떤 아이는 이상한 얼굴이 되고 다른 아이는 전혀 그렇지 않다. 어떤 아이는 전혀 말을 하지 않을 정도로 말더듬기를 싫어한다. 다른 아이는 신경을 쓰지 않고 상관없이 말을 한다.

고착증상에 이른 말더듬은 사람들이 말을 하기 위해 많은 기술이 필요하다고 말할 수 있다. 자신의 말더듬은 어떤가? 말을 더듬는다면 다음 고착증상 목록을 보고 스스로 자신의 말더듬 항목을 표시하여 살펴보자. 그러면 특별한 방식으로 진행되는 본인의 말더듬 항목을 살펴볼 수 있다.

고착증상

∨ 한 단어에 막힌다.

∨ 말하기 전에 숨을 헐떡인다.

∨ 말을 더듬을 때 머리를 돌린다.

∨ 말을 더듬을 때 몸의 일부를 움직인다.

∨ (말더듬이 시작할 거라고 느껴지면) 말하기를 멈춘다.

∨ 대신하여 말해 줄 누군가를 기다린다.

∨ 다른 단어를 찾으려 한다.

∨ 말더듬이 예상되는 장소에는 가지 않는다.

∨ 말이 많이 필요 없는 운동이나 취미를 가진다.

∨ 혼자 있을 때도 말을 더듬는다.

∨ 일상생활 중에서도 말더듬을 걱정한다.

∨ 말더듬 때문에 이사나 전공을 바꾸는 등 큰일을 한다.

∨ 말더듬 교정학원을 간 적이 있다.

∨ 말더듬 동호회에서 고민을 공유하고 있다.

*4*장
고착증상 교정방법

　만일 자녀들이 말을 할 때 10% 이상 더듬고, 말을 위해 상당한 노력과 긴장을 하거나 단어를 변경하고 말을 시작할 때 필요 없는 소리를 내는 등 말더듬을 일부러 피하려고 한다면 자녀를 의료진이나 말더듬 전문가에게 빨리 그러나 차분하게 데려가 치료를 받게 하는 것이 교정에 큰 도움이 된다. 고착증상이 심할수록 언어의 완전한 막힘이 반복이나 연장보다 좀 더 흔하다. 어눌함도 대부분의 말하는 상황에서 나타난다.

　때로는 고착증상을 치료하기 위해서 말더듬 전문학원이나 단체를 찾아갈 수도 있지만, 먼저 병원의 신경외과를 방문하여 의사의 상담을 받을 필요가 있다. 물론 말더듬은 신체적인 문제가 아니라 생각에 의한 습관의 문제라 여겨져 왔지만, 최근의 연구에서 오랫동안 진행된 말더듬은 과도한 발성노력으로 인한 근육 등의 긴장으로 구강구조가 변형될 수도 있는 것으로 발표되었다.

그리고 가벼운 말더듬이 있는 아이의 부모를 위한 조언은 심각한 문제를 가진 자녀에게도 적합하고 부모들이 들어두는 것이 좋다. 본인이 천천히 편안하게 말하는 방식이 아이에게 천천히 말하라고 하는 것보다 훨씬 도움이 된다. 또한 자녀가 말더듬에 관해 당신에게 말할 수 있게 해 주어라. 물론 그것을 이야기할 때 인내와 수용을 보여주어야 한다. 말더듬 극복은 더 열심히 노력해서 극복해야 하는 문제라기보다는 말더듬에 대한 두려움을 제거하는 것이 관건이다. 상세한 자기치료법은 제4부 2장에 제시하였다.

말더듬의 일반적 원인

말더듬은 대개 언어 소리를 내기 어려운 신체적 결함이나 단어를 찾지 못하는 사고과정의 이상으로 인해 발생하는 문제가 아니다. 사고나 선천적으로 발생한 언어 장애는 우리가 여기서 설명하고자 하는 말더듬과 다르다. 후천적으로 말을 더듬는 사람들은 임상적 의미에서는 약간의 예외를 제외하고는 거의 대부분 정상적인 신체와 사고를 하는 사람이다. 비록 사회적으로 활동하는데 불편이 많은 정신적 육체적 장애를 가지고 살고 있다 하더라도, 그리고 긍정적인 피드백 체계에서 문제가 악화될 수 있다 할지라도, 우리가 생각하는 불안, 낮은 자긍심, 신경과민과 스트레스 등은 말더듬의 원인이 아니다.

장애는 전화로 이야기하는 것과 같이 그 행위에 연결된 불안정도에 따라 특정 상황에서 말더듬이 다소 심해질 수도 있다는 점에서 가변적이기도 하다. 비록 말더듬의 정확한 원인은 알려지지 않았지만, 유전적, 신경생리학적 요인들 모두가 기여한다고 알려져 있다. 일부 말더듬는 사람은 전문가가 아니면 문제를 알아챌 수 없는 정도로 유창성을 증가시킬 수 있는 다양한 치료와 언어치료 방법이 상당히 여러 곳에 존재한다. 그럼에도 불구하고 현재로서 고착증상의 경우에 결정적으로 장애의 완치는 없다.

1장
유병율과 환경

1. 유병율

평생유병율(平生有病率), 한 개인이 생애의 특정 시기에 말을 더듬는 비율은 전체 인구의 약 5% 정도이고, 전반적으로 남성이 여성에 비해 2~5배 많다. 대부분의 말더듬은 아동초기에 시작하고, 5살 미만 아동의 2.5%가 말더듬이다. 성비는 아동이 성장함에 따라 차이가 있는데, 취학 전에는 말을 더듬는 남아는 여아 1명당 2명 이하이지만, 1학년에서는 1명당 3명, 5학년에서는 1명당 5명으로 벌어진다. 이는 여아가 말더듬으로부터 회복율이 높기 때문이다. 높은 조기 회복율(약 65~75%)로 인해 말더듬의 전체 유병율은 대개 전체 인구의 1% 정도로 생각된다.

말더듬 유병율의 비교문화연구는 20세기 초 중반에 매우 활발하였다. 특히 말더듬의 시작은 불안한 부모들이 어린 아동에게 준 문화적 기대와 압력과 연관이 있다고 주장했던 웬델 존슨의 업적이 미친 영향이 컸다. 존슨은 말더듬이나 '말더듬'이라는 단어조차 없는 문화(예를 들면 일부 미국 인디안 종족)가 있다고 주장했다.

후기 연구들은 이 주장이 사실로 지지되지 않는다는 것을 발견했고 따라서 말더듬 연구에서 문화적 요인의 영향은 사라졌다. 현대 학자들은 대부분 비록 실제 질병에 대한 태도는 다르지만 말더듬은 모든 문화와 인종에 존재한다고 받아들인다. 말더듬은 모든 문화와 인종에서 비슷한 비율로 나타나며, 세계적으로 일반 인구의 약 1%(어린 아동의 약 5%)라고 받아들여진다. 미국에서 수행된 연구는 취학 전 아동기의 말더듬 발생율에서 인종적 민족적 차이는 거의 없는 것으로 나타났다.

반면에 문화간 차이가 존재한다는 비교 문화적 연구가 있다. 예를 들어 유병율 연구를 요약한 쿠퍼와 쿠퍼(E. Cooper and C. Cooper)는 현재 가능한 연구를 기초로 보면, 말더듬이라 붙여진 유창성 장애의 유병율은 백인이나 아시아인보다 흑인 중에 더 높고 문화마다 다양한 것으로 나타났다고 결론지었다.

세계 다른 지역의 연구에서는 유병율이 비교적 고르게 조사되지 못했다.[5] 일반 인구의 약 1%라는 전문가들의 동의를 얻어낸 대다수의 연구들이 유럽 국가와 북미에서 수행되었다는 것은 이해할 만하다. 아프리카인, 특히 서아프리카 출신은 세계에서 가장 높은 말더듬 유병율을 보인다(일부 인구는 5~6%이며 9% 이상이라는 보고도 있다). 그리고 기타 세계의 많은 지역에서는 아직 충분히 연구되지 않았으며, 중국과 같은 주요지역은 전혀 연구되지 않았다. 일부 사람들은[6] 중국인들에게는 유병율이 매우 낮기 때문이라고 주장한다.

2. 위험요인

어떤 특정요인들은 아이들로 하여금 말을 더듬게 할 위험이 있다. 이러한 요인을 알면 아이들이 말―언어 치료사를 만날 필요가 있는지 없는지를 결정하게 해 준다. 만일 당신의 자녀가 이러한 요인을 한 개 이상 가지고 있으면 당신은 자녀의 말더듬 문제에 더 많은 신경을 써야 한다. 대표적인 위험요인으로는 가족력과 가정에서의 급

---

5) Bloodtein, 1995. A Handbook on Stuttering.
6) 말은 더듬어도 노래할 때 가사를 더듬는 예는 매우 드물다. 중국인들의 유병율이 낮은 것은 중국어의 성조(사성)가 노래처럼 부드러운 고저 때문이라고 알려져 있다.

박한 생활 패턴, 학교에서의 긴장요인 등을 들 수 있다.

3. 가족력

말을 더듬는 아동의 거의 절반 정도는 가족 중에 말을 더듬는 사람이 있다는 객관적인 자료들이 있다. 자녀가 정상적인 어눌함이 아니라 실제로 말을 더듬을 위험은 말을 더듬는 가족이 있다면 증가된다. 또한 가족원이 아동처럼 말더듬에서 벗어나면 위험은 적어진다. 그리고 가족력을 뒷받침하는 최근의 연구결과에서는 말을 더듬게 만드는 유전자를 찾아내었다.(부록의 강창수 연구 참조 pp. 192-196)

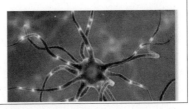

News

Genetic basis for stuttering identified

Mutations found in genes responsible for directing enzymes to their cellular destination.

Janet Fang

Often dismissed as a psychological problem, stuttering may be the result of genetic mutations implicated in daily metabolic processes, a new study shows.

* 말더듬유전자발견[7]

---

7) www.nature.com/news/2010/100210/full/news.2010.61.html

4. 말더듬 시작연령과 지속기간

만 3.5세 이전에 말더듬이 시작된 아동은 비교적 말
더듬에서 벗어나기 쉽다. 만일 자녀들이 3세 이전에 말
을 더듬기 시작하면 6개월 이내에 말더듬에서 벗어날 가
능성이 매우 크다.

말더듬을 시작한 아동 중 75~80%가 12~24개월 안에
언어치료 없이 말더듬을 중단한다. 만일 아동이 6개월
이상 말을 더듬으면 스스로 그것에서 벗어나기는 어렵
다. 그리고 12개월 이상 말더듬이 지속된다면 전문가의
도움없이 말더듬에서 벗어날 가능성은 점점 줄어든다.

5. 성별

여아는 남아보다 말더듬에서 벗어나기가 쉽다. 통계
적으로 말을 더듬는 여아가 1명이면, 3~4명 남아의 말더
듬이 유지된다. 왜 이런 차이가 나타나는가? 첫째, 남아
와 여아의 말과 언어능력의 태생적 차이가 있다. 둘째,
아동 초기에 부모, 가족과 다른 사람들은 여아에 비해
남아에게 다소 다르게 반응한다.

따라서 남아는 여아에 비해 남아의 말과 언어 능력의
기본적 차이와 다른 사람과의 상호작용 차이에 의해 말

더듬이가 되기 쉽다. 말더듬이 시작된 대부분의 남아는 문제에서 벗어나게 된다고 말한다. 따라서 자녀들이 지금 말을 더듬는다고 해서 그 아이가 반드시 나머지 인생에서 말더듬이가 되지는 않을 것임을 기억해야 한다.

6. 언어실수와 언어기술

거의 실수 없이 분명하게 이야기하는 아이는 언어실수로 이해하기 어려울 정도인 아이에 비해 말더듬을 벗어나기가 쉽다. 자녀가 다른 소리에 대해 한 가지 소리로 대체하거나 단어의 소리를 남기거나 지시를 따르지 못하는 등 빈번한 말실수를 한다면 좀 더 관심을 기울여야만 한다.

가장 최근의 결과는 말더듬을 시작한 아동들은 언어기술이 낮다는 예전의 보고서의 결과를 뒤집었다. 오히려 그들은 정상이나 그 이상으로 언어기술이 좋다는 지표들이 있다. 고급 언어 기술들은 아동의 말더듬을 지속하게 하는 위험요인으로 나타났다.

이런 위험요인들은 아동이 말더듬이가 되게 하는 고위험 상황에 처하게 한다. 만일 자녀가 이런 요인이 있다면 당신은 말더듬 전문 언어치료사와 언어선별검사를 받기를 권한다. 치료사는 당신의 자녀가 말더듬이인지

여부를 결정하고 좀 더 기다려 볼지 즉시 치료를 시작할
지를 결정할 것이다.

2장
말더듬 치료의 역사

특이한 소리의 말과 수반되는 행동과 태도 때문에 말더듬은 오랫동안 차별과 조롱의 대상이 되었을 뿐 아니라 과학적 관심과 탐구의 대상이었다. 말더듬는 사람들은 입에 재갈을 물고 말하여 어눌함을 통제하려 했던 데모스테니스(Demosthenes)처럼 수백 년 전까지 거슬러 올라갈 수 있다. 탈무드는 성경에서 모세도 말을 더듬었으며 불타는 석탄을 입에 놓았던 것이 그의 "말이 느리고 어눌하게" 만든 원인으로 보인다고 해석했다.

갈렌(Galen)의 체액생리학 이론은 중세의 유럽에서 이후 수백 년간 영향을 주었다. 이 이론에서 말더듬은 4가지 체액(yellow bile, blood, black bile, and phlegm 황담즙, 피, 흑담즙, 담액)의 불균형 때문이라 하였다. 히에로니무스(Hieronymus)

는 16세기의 저서에서 식습관의 변화, 남성의 경우 성행위 제한과 구토하기를 포함하는 불균형을 없애는 방안을 제안했다. 공포가 말더듬을 악화시킨다고 믿으면서 그는 이를 극복할 수 있는 기술들도 제안했다. 체액의 조작은 18세기까지 말더듬의 지배적인 치료가 되었다. 말더듬 때문에 지능이 부족하다고 인식되었기 때문에 고대 로마의 클라우디우스 황제(King Claudius, BC 10.8.1~54. 10.13)가 된 사람은 처음에는 대중의 눈을 피하고 관공서의 직책에서도 배제되었다.

18~19세기 유럽에서는 가위로 혀를 자르고 혀 뒤의 삼각쐐기를 제거하고 신경, 목, 입술 근육 절단하는 것을 포함하는 말더듬을 위한 수술이 권장되었다. 목젖을 짧게 하거나 편도를 제거하는 방법도 권장되었다. 이 모든 방법은 죽음에 이르는 출혈과 말더듬 중단에 실패하였기 때문에 외면을 받았다. 덜 극단적인 방법으로 쟝 마크 가스파드 이타드(Jean Marc Gaspard Itard)는 "약한" 근육을 지지하기 위해 갈라진 금판을 혀 아래에 놓았다고 한다.

이탈리아의 병리학자 지오반니 모르가그니는 검시를 통해 중세 저서에 나오는 노트케르 발부루스가 혀 뼈의 탈골 때문에 말을 더듬었다는 결론을 내렸다. 성갈랜 수도원의 복자 노트케르(Blessed Notker of St. Gall, ca. 840~912)

도 말더듬이라 불리웠고, 전기작가가 "신체는 약하지만 마음은 강하고, 혀는 어눌했지만 지성은 뛰어나 신의 경지로 나아갔다"라고 기술하였는데 이것이 말더듬을 상징하는 예가 되었다.

과거에 사람들은 오늘날 이상하게 생각되는 말더듬의 원인에 대한 이론들을 신봉해 왔다. 영유아를 너무 많이 간지럼 태우기, 모유 수유 기간의 부적절한 식사, 영유아에게 거울 보게 하기, 아기가 첫 단어를 말하기 전에 머리 자르기, 너무 작은 혀, "악마의 소행" 등이 말더듬의 원인으로 제시되었다. 마찬가지로 수백 년간 살아 있는 동안 달팽이 껍질에서 나오는 물을 일관성있게 마시는 것과 같은 치료, 흐린 날씨에 말더듬이의 얼굴 때리기, 근육처럼 혀를 강화하기, 다양한 약초치료 등이 사용되었다.

3장
말더듬이었던 유명인들

말을 더듬었던 유명인은 매우 다양한 분야에서 찾을 수 있다. 재즈와 유럽춤 음악가 스카트만 존은 역경을 극복한 말더듬이 아동을 돕기 위해 "스카트만(스키 바 봅 바 돕 밥)"이라는 노래를 만들었다. 스카트만은 말을 더듬는 자신과 더불어 이야기하여 말더듬는 사람들에게 탁월한 서비스를 제공하였다는 공로로 미국의 말·언어·청각협회가 주는 애니글랜상(American Speech Language Hearing Association's Annie Glenn Award)을 받았다.

영국의 시트콤 "Open All Hours"의 가상인물인 알버트 마크라이트는 말을 더듬고 시리즈의 대부분의 웃음은 이에 관한 것이다. 말을 더듬거나 더듬었던 다른 유명인 중에는 배우 마릴린 먼로(Marilyn Monroe), 작가 존

업다이크(John Updike), 델라웨어 상원의원 조지프 R 바이든 주니어(Joseph Robinette "Joe" Biden, 미국 부통령), 가수 칼리 사이먼(Carly Simon)과 스포츠해설가 빌 월톤(Bill Walton)이 있다.

이외에도 제임스 얼 존스(James Earl Jones), 존 스토셀(John Stossel), 멜 티리스(Mel Tillis), 윈스턴 처칠(Winston Churchill), 애니 클랜(Annie Glenn), 니콜라스 브렌든(Nicholas Brendon), 켄 벤투리(Ken Venturi), 밥 러브(Bob Love), 조지 4세 왕(King George VI) 등등 모두 말을 더듬었지만 성공적인 삶을 살아온 유명인들이다.

1. 윈스턴 처칠

말을 더듬었던 유명한 영국인은 조지 4세 왕과 2차 세계대전 당시 영국의 수상 윈스턴 처칠(Winston Churchill)이다. 조지 4세는 말더듬 때문에 언어치료를 수년간 받았다. 처칠은 자신을 직접 언급하지는 않았지만 "때로 약간의 거슬리지 않는 말더듬이나 장애는 청중의 관심을 불러 모으는데 도움이 될 수 있다"고 주장했다. 그러나 처칠을 알고 조언을 했던 사람들은 말더듬은 그에게 심각한 문제였다고 보았다. 비서 필리스모어(Phyllis Moir)는 〈나는 윈스턴 처칠의 개인 비서였다〉라는 1941년 책에서 '윈스턴 처칠은 말더듬이로 태어나서 자랐다'고 언급했다. 모아는 그는 흥분하면 언제나 그랬던 것처럼 "노-노-놀라울 뿐이다"고 말을 더듬었던 사례에 관해 적었다. 미국 순회강연을 도왔던 루이스 알버는 아메리칸 머큐리 55권(1942)에서 "처칠은 자신의 감정을 표현하려고 했지만 말더듬이 목에 걸려서 얼굴이 붉어졌다." 그리고 상당부분 구개의 결함으로 인한 말더듬과 혀 짧은 소리를 내는 사람으로 태어났던 처칠은 처음에는 대중 강연에서 심각한 장애가 되었지만, "장애에도 불구하고 우리시대의 가장 위대한 연설가로 만든 것은 처칠의 인내심이었다"라고 적었다.[8]

---

8) More on Churchill at www.stutterers.org

2. 조지프 바이든

조지프 바이든(Joseph Biden, 1942년 11월 20일 생)은 미국의 47대 및 현재의 버락 오바마(President Barack Obama)대통령과 함께 일하는 부통령이다. 1973년부터 부통령으로 일하기 직전 2009년 1월 15일까지 델라웨어주 상원의원으로 일했다. 비록 말을 더듬었지만 바이든은 1973년 만 30세의 나이로 당선되어 미 역사상 6번째로 젊은 상원의원으로 선출되기도 하였다.

3. 켄 벤투리

샌프란시스코 출신의 켄 벤투리(Ken Venturi, 1931년 5월 15일 생)는 1956년부터 알려지기 시작한 미국의 골프선수이자 골프해설가이다. 1964년 U.S.open에서 우승하였고, 14회의 투어에서 우승하였다. 벤투리는 CBS와 35년

(1967~2002) 동안 인연이 되어 가장 오랫동안 스포츠 방
송 해설가로 활동하였다.

4. 케년 마틴

케년 마틴(Kenyon Martin, 1977년 12월 30일 생)은 스타농
구선수로 미국 덴버 너기츠 대표 선
수이자 2004년 올스타팀으로도 선
발되었다.

5. 존 스토셀

존 스토셀(John F. Stossel, 1947년 3월
6일 생)은 미국의 소비조사자 및 취재
언론가이며 작가 등으로 일하고 있으
며 ABC 뉴스의 앵커이다. 그리고 미국
의 유명한 방송국과 프로그램을 거친 사회

자이기도 하다. 많은 상을 수상하였고, 두 권의 책 〈Give Me a Break〉와 〈Myths, Lies, and Downright Stupidity〉도 저술하였는데 아직도 말더듬과 싸우고 있지만 성공적인 언론인으로 평가받고 있다.

6. 밥 러브

밥 러브(Bob Love)는 잘 알려진 바와 같이 시카고 불스의 전설적인 농구선수다. 말을 더듬었지만 최근에는 열강하는 강연가로서도 활동하고 있다.

7. 존 업다이크

존 업다이크(John Updike)는 오랫동안 성공적인 작가로 활동하여 왔다. 대표작품들은 토끼시리즈로 〈Rabbit Run〉,

〈Rabbit Redux〉, 〈Rabbit is Rich〉, 〈Rabbit at Rest〉와 〈Rabbit Remembered〉 등이 있다. 2009년에 사망하였고 〈Rabbit is Rich〉(1982)와 〈Rabbit at Rest〉(1991)로 퓰리처상(Pulitzer Prizes)을 받았다.

8. 마릴린 먼로

마릴린 먼로(Marilyn Monroe)는 1926년 미국 LA에서 태어나 모델 활동을 시작으로 유명한 배우와 가수의 삶을 살다 만 36세인 1962년 병과 자살로 의심되는 약물로 생을 마감하였다. 미국 역사상 6번째 유명한 배우로 선정되었다. 먼로는 정신질환자 어머니를 비롯하여 어린 시절부터 죽을 때까지 매우 파란만장한 삶을 살았다.[9]

---

9) http://www.imdb.com/name/nm0000054/bio

9. 제임스 얼 존스

배우 제임스 얼 존스(James Earl Johns)는 브로드웨이와 TV 스타이다.[10] 그의 목소리는 스타워즈의 〈Darth Vader〉로 유명하고, 저서 〈Voices and Silences〉가 있다. 어릴 때 말을 더듬어 말을 거의 하지 않았다고 한다. 자신을 진정시키기 위해 연극학원을 다녔는데 그 후 40년간 배우로 활동한 계기가 되었다. 지금도 말더듬과 싸우고 있는데 말하기 전에 해야 할 말을 먼저 조심스럽게 생각한다고 한다.

---

10) http://www.imdb.com/name/nm0000469/bio

제4부

치 료

*1*장
효과적인 치료방법

1. 베리 기타 박사의 말더듬 아동을 돕는 7가지 방법[11]

① 자녀에게 천천히, 자주 쉬면서 말하라. 자녀가 말을 마친 후에 당신이 말하기 전에 잠시 기다려라. 당신이 느리고 편안하게 말하는 것이 "천천히 말해라" 또는 "다시 천천히"와 같은 조언이나 어떤 비난보다 훨씬 효과적이다.

---

11) http://web.archive.org(편집: Dr. Barry Guitar & Edward G. Conture)

② 자녀에게 하는 질문의 수를 줄여라. 아이들은 어른의 질문에 대답하기 보다는 자신의 생각을 표현할 때 좀 더 편하게 말한다. 질문하는 대신에 단순하게 당신의 자녀가 말한 것에 의견을 제시함으로써 당신이 듣고 있다는 것을 아이가 알 수 있게 하라.

③ 표정과 다른 신체적 언어를 사용하여 자녀에게 당신이 자녀가 어떻게 말하는가가 아니라 메시지의 내용을 듣고 있다는 것을 전달하라.

④ 매일 자녀에게 분산되지 않고 관심을 줄 수 있는 규칙적인 시간을 잠시 동안 마련하라. 이 시간에 아이가 하고 싶은 것을 선택하게 하라. 자녀가 활동 중에 당신에게 지시하게 하고 말을 할지 말지를 스스로 선택하게 하라. 특정 시간에 말을 할 때는, 천천히, 조용히, 편안하게 많이 쉬면서 말하라. 자녀와 함께 하는 조용하고 평온한 시간을 부모님이 친구처럼 즐긴다는 것을 알게 함으로써 자녀들은 자신감을 향상하게 할 수 있다. 아이가 자라면서, 아이가 자신의 감정을 말하고 부모와 함께하는 것을 편안하게 느끼는 시간이 될 수 있다.

⑤ 가족원 모두가 차례로 말하기와 듣기를 배우도록 돕는다. 특히 말을 더듬는 아동은 방해하지 않고 듣는 사람이 관심을 보이면 더 쉽게 말한다는 것을 알 수 있다.

⑥ 자녀와 상호작용하는 방식을 관찰하라. 당신이 듣고 있고 말할 시간이 충분하다는 메시지를 주는 시간을 좀 더 늘려라. 비판, 빠른 말 습관, 방해 그리고 질문을 줄이려고 노력하라.

⑦ 무엇보다 자녀를 있는 그대로 받아들인다는 것을 전달하라. 가장 강력한 힘은 아이가 말을 더듬든 아니든 그를 지지하는 것이다.

2. 반 라이퍼의 말더듬 교정치료

반 라이퍼(Van Riper)의 말더듬 교정치료 목적은 말더듬을 없애는 것이 아니라 말더듬이 좀 더 쉽고 힘이 덜 들 수 있도록 교정을 하는데 목적을 두었다. 두려움과 불안이 말더듬을 증가시키므로 두려움과 회피를 줄이고 편한 말더듬법을 활용하면, 말더듬은 줄어들 것이라는 논리다. 가장 널리 알려진 개입은 찰스 반 라이퍼가 1973년에 출간한 장애교정치료로 알려져 있다. 반 라이퍼가 제안한 것처럼 말더듬교정치료는 다음 4개의 중복 단계가 있다.

① 확인 단계에서, 말더듬이와 치료자는 핵심행동, 이차행동, 말더듬의 특징인 감정과 태도를 탐색한다.

② 편안한 심리상태에서, 말더듬이는 말더듬 행동을 제한하고, 어려운 소리, 단어, 상황을 직면하고 의도적인 말 더듬기를 통해(자발적 말더듬) 두려움과 불안을 감소시키기 위해 노력한다.

③ 교정단계에서 말더듬이는 편하게 말더듬기(easy stuttering)를 학습한다. 이것은 취소(어눌함에서 그치기, 잠시 멈추기, 단어 다시 말하기)나, 끌어내기나 어눌함에서 유창한 말하기로 이동 그리고 준비물(preparatory sets) 또는 말더듬는 단어를 예상하기와 그 단어를 편하게 말더듬기에 의해 형성된다.

④ 안정단계에서 말더듬이는 실천과제를 준비하

고, 준비물을 만들고, 자동장치를 끌어내고, 말
더듬는 사람에서 대부분은 말을 유창하게 하
지만 상황에 따라 다소 말을 더듬는 사람으로
그들의 자아개념을 바꾼다.

3. 재스민 교정법[12)

말더듬은 근본적으로 언어의 정상적인 흐름이 막히
는 것이다. 여러 곳에서 표현되었듯이 소리나 단어들이
불규칙하거나 발성에 장애가 생기는 것이다. 때로는 말
더듬의 부수적인 행동으로 우물거리기도 한다.

말더듬 극복을 위해 재스민(Jasmine Sanchez)이 추천하
는 교정법은 다음과 같다.

① 훈련을 위해서는 편하고 조용한 장소를 찾는다.
그리고 몸과 마음을 편안하고 안정되게 한다.

---

12) http://EzineArticles.com/?expert=Jasmine_Sanchez

② '아 야 어 여 오 요 우 유 … 이' 등의 모음을 명확하고 정확하게 발음한다. 그리고 이들 모음을 1~2분 동안 보통보다 과장되게 발음한다.

③ 호흡훈련을 3분 정도 하는데 숨을 깊게 들이쉰다. 숨을 가슴(폐)에 가득 채우고 천천히 내쉰다. 서두르지 않게 천천히 반복한다.

④ 이 호흡훈련을 3분 정도 반복하지만 이번에는 혀가 입천장에 지나칠 정도로 밀어붙이면서 호흡훈련을 한다.

⑤ 다음 3분 동안 양볼과 입술을 꽉 다물고, 가슴에 숨을 가득 채운다.

⑥ 다음 2분간은 마치 공기를 복부로 몰아넣듯 가슴근육을 압박하며 숨 쉬는 훈련을 한다.

이 훈련 후에는 책을 들고 한 단어씩 부드럽게 읽어나간다. 단어가 막혀도 피하지 않고 계속해서 읽어나간다. 이 방법은 우물거리는 습관 치료에 효과적이다. 그리고 2~3개월 동안 이 훈련이 습관이 되도록 한다. 말더듬은 일시적으로 고치기 힘들다. 이 훈련은 힘들고 귀찮겠지만 장기적으로 매우 주의를 기울이며 노력하면 반드시 큰 도움이 된다.

4. 유창성 치료[13]

"유창하게 말하기" "길게 말하기" "연결된 말하기" 로 알려진 유창성 치료(Fluency Therapy)는 말더듬이가 자신의 호흡, 발성, 발음(입술, 턱, 혀)을 통제함으로써 유창하게 말하도록 훈련한다. 이는 조작적 조건화 기법을 기반으로 한다.

말더듬은 자음과 모음을 길게 하고 지속적인 공기흐름이나 부드럽게 말하기와 같은 다른 유창성 기법을 사용함으로써 말하는 속도를 늦추도록 훈련받는다. 결과는 매우 느리고, 단순하지만, 유창성 치료는 대개 언어치료소에서만 사용된다.

말더듬이가 이러한 유창성 기술을 습득한 후에 언어속도와 억양은 점차 증가된다. 비록 치료가 끝나도 자연스럽게 말하지는 못한다는 비판을 종종 듣지만 더 정상적인 소리, 자연스러운 말하기는 언어치료소 밖의 일상생활로 이전된다. 유창성 접근은 종종 2~3주가 걸리지만 집중집단치료 프로그램에서 가르치며, 좀 더 최근의 캠퍼다운 프로그램은 더 짧은 일정으로 효과적으로 나타났다.

---

13) 출처: Guitar, B & Peters, T. J. 1999. p.9

유창성 치료는 다음과 같이 크게 말더듬 수정치료와 유창성 완성치료로 나눈다.

■ 말더듬 수정치료

말더듬 수정치료(Stuttering Modification Therapy)는 말소리의 반복이나 연장과 같은 말의 어눌함 자체보다는 말더듬을 회피하거나 대항하려 하고, 두려운 단어를 피하고, 두려운 상황을 피하려는 결과라는 이론을 기초로 하고 있다. 치료과정은 회피행동, 공포관련 언어 및 부정적인 태도의 감소를 포함한다. 클라이언트가 그의 말더듬 형태를 수정할 수 있도록 가르치는 데는 다양한 방식이 있으며, 예를 들면 클라이언트가 노력하는 행동을 줄이고 말더듬 형식을 없애는 것이 포함된다.

또한 좀 더 편하고 신중한 방식으로 말을 더듬도록 할 때 긴장과 말더듬의 속도를 감소시킬 수 있다. 이처럼 말더듬 수정치료에서는 감정과 태도의 변화에 중점을 두어, 말더듬 수정 기술의 유지와 감정과 태도의 변화를 강조한다.

■ 유창성 완성치료

유창성 완성치료(Fluency Shaping Therapy)는 조작적 조건화와 프로그램의 원리를 기초로 한다. 예를 들어 선행

자극 사건에 가까이 가기, 적절한 반응에 대한 강화 등
이 사용된다. 유창성 완성치료 프로그램에서는 통제된
자극상황에서 특정한 유창성 형식을 먼저 설정한다.

이 유창성은 치료실에서 정상적인 언어에 가깝도록
강화되고 언어형식을 점차 수정한다. 이러한 말하기는
그 다음 일상생활에서도 사용하도록 일반화시켜 나간
다.

말더듬 수정치료법과 유창성 완성치료법의 비교

항목	말더듬 수정치료	유창성 완성치료
치료 목표	1. 언어공포와 회피행동의 감소에 상당한 관심을 둔다. 2. 자발적 유창성, 통제된 유창성, 수용된 말더듬의 발달. 클라이언트는 다양한 기법으로 말더듬을 수정할 수 있게 좀 더 유창해지도록 가르쳐진다. 3. 공포와 회피행동의 감소로 유창성의 유지. 말더듬 수정을 위한 다양한 기법 사용. 4. 충분하지는 않지만 약간은 일반적 의사소통 기술에 관심을 준다.	1. 언어공포나 회피행동 감소에는 거의 관심이 없다. 2. 자발적 또는 통제된 유창성의 발달. 클라이언트는 치료실과 외부 상황에서 말더듬지 않고 말하기가 학습된다. 3. 말하기 방식을 수정함으로써 유창성 유지, 필요하면 원 프로그램을 통해 재생으로써 유창성 회복. 말더듬과 유창성의 상황 관리. 4. 충분하지는 않지만 약간은 일반적 의사소통 기술에 관심을 준다.
치료 절차	1. 교육/상담 상호작용이 특징인 구조 2. 클라이언트 말더듬 문제의 전반적 인상에 관한 자료 수집	1. 조건화와 프로그램 원칙이 특징인 구조 2. 클라이언트 언어에 관한 객관적인 자료 수집

2장

치료분야

1. 발음훈련

발음훈련은 호흡훈련과 함께 전문적인 교정클리닉에
서 많이 적용하는 방법이다. 발음훈련은 초기증상보다
는 주로 고착증상을 가진 사람들에게 사용된다. 발음훈
련은 크게 두 가지로 나눌 수 있다.

첫째, 말더듬을 피하기 위해 고의적
으로 어눌하게 발음하는 습관과
둘째, 반복된 어눌한 발음이 말
더듬과 함께 상대가 알아
듣기 어렵게 만든 상황
을 수정하는 일이다.

발음훈련은

① 정확한 발음으로 '가나다라...하', '거너더러...
허'부터 '기니디리...히'까지를 반복하여 읽거
나 말하는 방법이다. 주위의 신경이 쓰이지 않
는 편안한 환경에서 훈련하는 이 방법은 뚜렷
하고 정확한 발음 능력을 향상시키고 말하기
의 자신감 획득을 통하여 말더듬을 교정하게
된다.

② TV에 나오는 글자나 간판을 큰 소리로 정확하
게 읽는다. 이 방법은 '가나다라'와 같이 다음
단어나 음절이 예상되는 발성과 달리 전혀 예
상하지 못하는 단어나 음절을 읽어내야 하는
훈련이다. 훈련 중에는 호흡이 불규칙하거나
과하게 흐르지 않도록 해야 하며, 발음보다는
호흡에 더 주의를 해야 한다.

③ 음~ 이나 아~ 소리 등을 매우 고르게 길게 발
성한다. 이 방법은 고착증성으로 발성이 막히
는 현상을 해소하는 효과적인 방법이다. 음~
이나 아~ 이외에 말이나 소리 등 어떤 것이든
소리만 내면 된다.

④ 정확한 시간을 정하여 음~ 이나 아~ 등을 매우 고른 발성으로 시작한다. 시계를 앞에 두고 30초 단위나 1분 단위로 초침을 정하여 그 때가 되면 앞의 '③'의 훈련을 한다. 이 방법은 발음을 해야 하는 시기를 강제로 정하여 쉽게 막히는 발성을 유도하기 위한 방법이다.

2. 호흡훈련[14]

호흡훈련은 말더듬 치료의 가장 기본적인 필수과정으로 사용된다. 말더듬의 상당한 부분은 불규칙하거나 내뱉을 공기가 없는 진공상태에서 발성을 시도하기 때문이다. 이러한 현상은 초기증상이라기 보다 고착증상에서 주로 나타난다. 정상적인 규칙적 호흡이 말더듬의 장기화로 인한 불규칙 호흡으로 변형되었기 때문이다. 막힌 상태가 장시간 지속되면 호흡이 가빠져 발성은 고사하고 숨쉬기도 어려워지는 현상이 나타난다.

---

14) 횡격막호흡(Diaphragmatic Breathing)과 복식호흡(Deep Breathing): 횡격막호흡(또는 늑골 호흡)은 다양한 교정치료의 하나로 말더듬이 관리될 수 있는 방법이다.
http://en.wikipedia.org/wiki/Stuttering

따라서 말을 정상적으로 하는 대부분 사람들과 마찬가지로 숨을 들이쉬고 내어 쉬면서 발성을 하는 연습을 다시 해야 한다. 심한 경우 숨을 들이 쉬면서 발성을 시도하는 사람들도 있다.

호흡훈련이란 말을 더듬기 이전의 자연스러운 호흡과 말 상태로 되돌리기 위한 훈련이다. 이 훈련을 성공적으로 체득하면 대화시 보통 사람들보다 더 부드럽고 정확한 발성을 할 수 있다.

호흡은 코로 깊게 들어 마시고 입으로 내어 쉰다. 코로 깊게 숨을 들어 마시고 입으로 내어 쉬는 일의 반복이 기본 교정방법이다. 처음에는 조용하고 방해받지 않는 장소에서 시작하다 익숙해지면 차안에서나 걸을 때도 의식적 또는 무의식적으로 반복하여 시행할 수 있다.

무의식적으로 자연스러운 호흡이 이루어지면 일상적인 말더듬의 대부분은 교정된다. 호흡은 복식호흡과 폐호흡으로 나누어지나 교정훈련 시에는 복식호흡이 권장된다. 대화시 호흡이 평소보다 빠르게 진행될 때에는 자연스럽게 폐호흡으로 전환된다. 여성들이 남성보다 빠르게 대화를 할 수 있는 이유도 대부분 폐호흡으로 발성이 이루어지기 때문이다.

3. 보조장치

보조장치는 기계적 보조와 약물에 의한 보조로 나눌 수 있으나 대부분 부작용이 큰 경우가 많아 사용 전 주의가 필요하다.

■ 전자장치

말더듬을 교정하는 유창성 전자장치(Electronic fluency devices)의 종류는 다양하다. 전자장치는 대부분 긴장을 완화하거나 호흡을 고르게 해주는 보조장치이다. 장치는 그 부착만으로 심리적인 안정을 줄 수도 있으나 오히려 역효과가 나타나기도 한다. 기계는 말더듬에 대한 심리적 부담을 가중시키는 역할도 하기 때문이다. 한 예로 말을 더듬으면서 스스로의 목소리를 다르게 들을 수 있는 변경된 청각의 피드백은 말더듬 치료에서 50년 넘게 사용되었다. 변경된 청각 피드백 효과는 다른 사람과 이구동성으로 말하고, 다른 사람이 말하는 동안 말더듬이의 목소리를 차단하고(가리기), 말더듬이의 소리를 약간 지연하고(지연된 청각 피드백), 피드백의 빈도를 변경함으로써(변경된 피드백 빈도) 생길 수 있다. 이런 기술의 연구는 일부 말더듬은 말더듬에서 실제적인 감소를 가져오지만 다른 사람들은 약간이나 전혀 개선이 되지 않는 혼란스러운 결과를 낳는다.

말더듬 치료의 효과성에 관한 2006년 검토에서 변경
된 청각피드백에 관한 어떤 연구도 통제집단의 존재와
같은 실험의 질적 기준을 충족시키지 못했다.

■ 말더듬 치료제

말더듬 치료에 쓰이는 벤조디아제핀(안정제), 항경
련제, 항우울제, 정신병치료제와 고혈압약, 도파민대항
제와 같은 의약품의 효과성은 성인과 아동 모두를 포함
하는 연구들에서 검토되었다. 2006년에 말더듬의 의학
적 치료의 종합적인 검토는 방법론적으로 건전한 약물
처방은 거의 존재하지 않는다는 결론을 내렸다.

이 중에서 결점이 없는 연구 한 편은 말해진 단어의
5% 미만까지 말더듬는 빈도의 감소가 나타났다. 게다
가, 약물치료의 체중증가나 혈압의 증가와 같은 잠재적
으로 심각한 부작용이 알려졌다. "치료받은 대다수 사람
에게 두통과 피로 같은 약한 부작용만 허용되었던 것"으
로 알려진 미국 인디버스(Indevus) 제약회사가 개발한 말
더듬 치료제 파고클론(Pagoclone)[15]으로 지칭된 말더듬에

---

15) 수면제와 유사한 신경안정제(Pagoclone is an anxiolytic drug
from the cyclopyrrolone family, related to better-known
drugs such as the sleeping medication zopiclone.)

·관한 새로운 연구가 있다.

4. 의도적 말더듬기

말더듬의 교정법으로 '의도적으로 더듬기'라는 방법이 있다. 따라서 이런 실험을 해보자. 즉 친구나 부모에게 자신이 말을 더듬는 방법을 가르쳐 보자. 그러면 그들이 자신처럼 말을 더듬기가 얼마나 어렵고 힘든지를 알고 매우 놀라게 될 것이다.

또한 어떻게 자신이 이렇게 어려운 일을 항상 할 수 있는지에 대해서도 궁금해 할 수 있다. 재미있지 않은가? 그런 다음에 스스로에게 왜 이렇게 어려운 일을 그렇게 자주 할 수 있는지 곰곰이 반문해 보자.

의도적 말더듬기는 여러 전문가들이 추천하는 방법이다. 혼자 있는 조용한 환경이나 사람이 많은 시끄러운 환경에 상관없이 지금까지 자신이 더듬어왔던 경험을 바탕으로 자신의 말더듬을 흉내 내어 보는 일이다. 의도적 말더듬의 효과는 의도적이지 않는 말더듬(자연스럽게 발생하는 말더듬)이 발성에만 집중하여 자신의 말더듬을 되돌아볼 수 없는 상황인데 비해 이 방법은 자신의 말더듬을 객관적으로 살펴볼 수 있다는 장점이 있다. 따라서 말더듬의 과정과 실체를 명확하게 경험함으로써 추후 발생하는 말더듬을 관리할 수 있는 능력을 기를 수 있다는데 큰 의미가 있다.

말더듬이자 미국의 언어장애 치료자인 피터 레이체스(Peter Reitzes)가 주장하는 의도적 말더듬(Voluntary Stuttering, Stuttering on Purpose)의 목적은 다음과 같다.[16]

① 민감성 감소 (두려움을 줄이고 용기를 생기게 하며 대화 상황에서 언어능력을 높이게 된다.)

② 말더듬을 쉽게 진행하는 방법이다.

③ 말하는 사람이 자신의 말을 들을 수 있고 다른 사람의 말을 듣는 능력을 향상시킨다.

④ 다른 사람들에게 시연함으로써 말더듬이 부끄러운 것이 아니라는 것을 보여 준다.

⑤ 말더듬는 순간을 줄여준다.

---

16) Peter Reitzes, MA, (2005) The Why and the How of Voluntary Stuttering from New York, USA; http://www.mnsu.edu/comdis/isad8/ papers/reitzes8.html

5. 운동

운동에 의한 교정은 부정적인 결과를 최소화하고 정신적으로나 신체적으로나 모두 긍정적인 영향을 끼치므로 전문가들에 의해 많이 추천되는 방법이다. 특히 말더듬 그 자체보다 수반되는 행동변화의 위험성을 감소시키는 효과를 동시에 가져온다.

운동은 호흡을 강하고 규칙적으로 변화시키므로 발성에 큰 도움이 된다. 또한 긍정적이고 공격적인 성향의 증가는 말더듬이라는 장애를 극복하는데 큰 힘이 된다.

따라서 지지집단과 자조운동은 매우 유용하다. 말더듬의 뚜렷한 증상의 제한된 경감을 가져오는 현존하는 행동, 인공, 약물치료와 함께, 지지집단과 자조운동은 전문가와 말더듬는 사람들로부터 계속해서 인기와 지지를 얻고 있다. 자조운동에 숨겨진 기본의미의 하나는 완치는 없기 때문에 삶의 질은 자신과 말더듬의 인정을 하게 됨으로써 나아질 수 있다는 것이다.

6. 선[17]과 명상[18]

명상과 종교적인 선은 그 수행목적이 다르나 육체적 수행은 비슷하다. 불교 등 종교에서의 수행은 해탈과 깨달음 등 종교적 목적이 강하나 명상은 주로 신체적 정신적 안정을 주목적으로 한다. 말더듬은 대부분 육체적 장애가 없는 조건에서 간헐적으로 일어나는 현상이므로 명상이나 선에 의한 깨달음으로도 치유될 수 있다. 명상이나 선의 수행방법은 종교나 단체 그리고 국가에 따라 다르지만 기본 수행방법은 다음과 같다.

---

17) 선(禪, Zen)의 모태는 대승불교(Mahāyāna Buddhism)로 알려져 있다. 영어표기인 Zen은 중국 한자 선(禪)의 일본식 발음이나 어원은 산스크리트(Sanskrit)어 "dhyāna"이다. "dhyāna"의 의미는 '명상'이나 '명상의 상태'를 뜻한다. 선은 깨달음에 도달하는 경험적 반야를 강조한다. 선은 깨달음을 얻기 위해 수행되는 것이고 그 방법은 이론적인 지식보다 달마식 수행(dharma practice.)으로 이루어진다. 선의 가르침은 대승불교 사상의 바라밀다 경전과 요가철학, 여래사상을 포함하는 다양한 원천을 포괄한다. 불교에서 선종의 등장은 7세기 중국에서 처음으로 기록되었다. 중국으로 부터의 선사상은 남쪽으로는 베트남, 동쪽으로는 한국과 일본까지 퍼져 나갔다. 전통적으로 선

수행방법

① 편안한 방석을 깔고 시계를 눈앞에 준비한다.

② 허리가 조이지 않는 편한 복장으로 자리에 앉는다.

③ 두 손을 발 위에 모으고 눈은 가볍게 감는다.

④ 종교에서는 잡생각을 떨치기 위해 눈을 감지 않는다.

⑤ 호흡은 깊고 자연스러운 복식호흡을 시행한다.

⑥ 코로 들이쉬고 코나 입으로 내쉰다.

⑦ 호흡훈련과 다른 점은 정신을 모으고 원하는 깨달음을 위해 지속적인 물음으로 수행한다.

⑧ 지속시간은 자신에게 무리하지 않는 범위 내에서 자주 반복한다.

⑨ 사람에 따라서 조용한 음악 등의 보조장치가 도움이 되기도 한다.

사상은 인도남부 지역의 왕자였지만 수도승이 된 달마대사가 "성전 밖에서의 특별한 전파, 말이나 문자에서 찾을 수 없는" 것을 가르치기 위해 중국으로 가서 형성한 것으로 알려져 있다. 중국, 일본, 한국과 베트남에서, 이런 전통의 대한 지역의 이름은 산스크리트어의 디야나와 어원이 같다.

18) 명상은 대부분 종교와 연관없이 현실적인 무엇인가를 얻기

위해 이루어진다. 명상은 국가나 각국의 종교에 따라 다양한 방법과 목적으로 수행되므로 선과 명확히 구별하기는 어렵다. 그리고 명상은 얼마동안 수행자가 혜택을 깨닫기 위해 마음을 훈련하는 총체적인 훈육이다. 명상을 하는 사람들은 어떤 외적 도움 없이 종종 불이(不二) 존재, 연민, 정신집중과 같은 존재 상태를 일깨우는 행위를 한다. 용어는 이런 상태에 도달하는 과정 뿐 아니라 상태 그 자체를 말한다. 명상은 많은 종교의 한 요소이며 고대부터 실행해 왔다. 사람들은 다양한 이유 즉 깨달음에 도달하기 위함이나 자비심을 키우고, 친절하게 되고, 영적인 영감을 얻거나, 신의 인도를 받고, 삼매, 창조성이나 자각에 이르기 위해서 혹은 단순히 좀 더 이완되고 평온한 마음을 얻기 위해 명상을 하기도 한다. Lon L. Emerick, Ph.D., Northern Michigan University, Marquette.

3장
말더듬 교정 경험담

1. 짐칸으로 가라

노던 미시간 대학에 있던 에머릭 교수의 어린 시절 이야기를 요약하면 다음과 같다.[19]

나의 고질병적인 말더듬을 고치기 위해 우리 부모는 모아둔 저축을 깨서 나를 말더듬을 치료한다는 학원으로 보냈다. 하지만 나의 깊은 절망감은 또 다른 헛수고로 만들었다. 비참한 심정으로 집으로 돌아오는 기차 안에서 친절한 은발의 차장노인이 도착역을 물었는데

---

[19] 교정훈련과 함께 자신이 말을 더듬는다는 사실만 잊어버릴 수 있어도 말더듬은 상당부분 완치될 수 있다는 경험담이다.

입을 벌린 채로 턱에 강한 긴장을 주다 "디트로이트"라고 대답하였다. 그러자 그 차장노인은 머리를 끄덕이고는 안경너머로 빙긋이 웃으며 "젊은이, 자네 생각을 말하든지 아니면 짐칸으로 가게나"라고 말하고 사라졌다. 그 말에 나는 시선을 창문 밖으로 고정시킨 채 분노와 좌절로 눈물을 글썽였다.

오랜 시간이 지난 후 나는 그 차장노인의 촌철살인(寸鐵殺人)의 그 한마디가 생각이 났다. 그리고 그 노인의 말이 맞았다는 것을 깨달았다. 내가 왜 짐칸으로 가야 하는가? 왜 쓸데없는 짐을 들고 다녔는가? 노인이 뜻한 바는 말더듬는 사람들이 가지고 다니는 쓸데없는 걱정이나 두려움 등 마음의 짐을 내려놓으라는 얘기였다.[20]

에머릭 교수가 추천하는 치료방법은 자신이 변해야 한다는 사실을 인정하라는 것이다. 현재 말하고 있는 방법을 변화시켜야 한다는 의미이다. 그냥 앉아서 나의 말더듬이 사라지는 마술 같은 날이 오기를 기다리는 어리석음에 빠져서는 안 된다는 것이다. 물론 한순간에 나아지게 하는 요술방망이 같은 것도 없다는 사실을 인정해야 한다. 그리고 일생을 위해 단기간의 훈련을 위한 불편

---

20) 무의식적 행동을 의식적 행동으로 변화시키는 중요한 치료법의 하나이다.

쯤은 참아내야 한다. 말더듬이라는 거대한 세계에서 문제를 하나씩 풀어나가면 된다. 아무도 이것을 쉽다고 말할 수는 없지만 생각보다 문제를 해결하는 것은 훨씬 단순할 수 있다.

말더듬은 짧은 시간에 고치긴 어렵다. 시간이 얼마나 걸릴지 아무도 모르지만 말을 더듬는 사람들은 서로 다른 방법으로 노력을 하고 있다. 이제 짐을 내려놓을 차례다. 자신을 표현하라!

 에머릭 교수의 치료법

① 자신의 말더듬 유형을 알고 있는가? 말을 더듬고 있을 때 무엇을 하고 있나? 무엇을 보고 듣고 느끼고 있었는지 생각할 수만 있다면 장애의 반복에서 쉽게 벗어날 수 있다. 말더듬이라는 입을 막는 이상한 동물이 있는 것은 아니다. 자동적으로 나타나긴 하지만 내가 하는 이상한 행동들 중의 하나일 뿐이다. 바로 내가 지금 말하고 있는 방법이다.

② 자신을 변화시킬 수 있는 좋은 생각이 있으면 바로 계획표를 짜서 실행하라. 지금까지 지고

왔던 쓸데없는 짐들을 내려놓는 것이다. (말을 더듬을 때 턱을 왼쪽으로 돌렸다면 이젠 의식적으로 오른쪽으로 돌리도록 노력해 보자). 수년간 몸에 배인 고질적인 습관이 짧은 시간에 변하지는 않는다. 그러나 더 이상 말을 더듬고 싶지 않다면 그 습관을 바꾸어야 한다.

③ 자신의 더듬는 유형을 알고 있다면 편하고 다양하게 더듬을 수 있도록 시도하는 것도 한 방법이다. 좀 더 편하게 더듬을 수 있는 유형으로 옮겨가는 것도 좋은 치료법이다.

④ 이상하게 들릴 수도 있지만 의도적으로 일부러 더듬어 보자. 이 방법은 많은 전문가들이 추천하는 방법이다. 의도적으로 많이 더듬을수록 무의식적으로 더듬는 일은 많이 줄어든다.

⑤ 회피하는 행동이나 상황들을 줄여야 한다. 무슨 말인지 알 것이다. 다른 단어로 바꾼다든지, 소리를 내기 위해 다른 소리를 이용한다든지, 말을 지연시키거나 포기하는 일들은 자신을 점점 궁지로 몰아넣을 뿐이다. 피하는 것들의 목록을 만들어 과감하게 시도할 필요가 있다.

2. 말더듬은 통제된다

　미네소타의 한 농장에서 태어난 도번의 이야기이다. 유치원 시절부터 더듬기 시작하여 점점 심해져 갔다. 말더듬에 대한 보상을 뛰어난 성적으로 대체하려고 시도하기도 했지만 결국 중학교 2학년 때부터 3년간이나 학교를 그만두게 되었다. 학교를 쉬는 동안 말더듬은 점점 심해져 갔고, 17살 때까지 전화도 사용하지 않고, 부모님이 쇼핑도 대신 해주었다. 말이 바로 나오지 않아 긴 침묵이 생기는 장애로 다른 단어로 바꾸든지, 필요한 말만 하고 입을 닫아버리는 것이 습관이 되었다.

　부끄러움과 죄책감으로 무슨 손해를 보더라도 밖에서 더듬는 것을 피하고, 내 자신에게 이런 일이 생긴 것을 한탄했다. 그리고 이 때문에 수없이 울다가 말더듬이 내 인생의 모든 일을 낭떠러지로 내몬다고 생각하고 자살도 시도하였다. 사실 나의 말더듬은 밖에서 보기에는 모든 어려움이 물밑에 숨겨져 있는 빙산과도 같았다.

　운 좋게 도번은 17살에 미네소타대학에서 실시한 6주간의 집중치료훈련에 참여하였고, 3주 만에 말이 유창하게 되어 집으로 돌아갔으나 말더듬 행위에 대한 연습 부족으로 모든 것이 원점으로 되돌아갔다. 두 번째 다시 들어간 집중교육에서 말더듬을 관리하고 통제할 수 있는 많은 경험을 얻었다. 특히 말더듬에 대해서 더 이상 유창한 언변에 연연해하지 않고 말의 유형 중 한 부분으로만 생각한다는 건강한 태도[21]를 가지게 되었다. 말더듬은 단지 대화에서의 한 작은 문제에 불과하다 할지라도 다른 삶의 영역에도 영향을 끼칠 수 있으므로 말더듬 자체를 없애려는 치료보다는 당사자를 대상으로 말더듬 치료는 이루어져야 한다고 믿는다.

좋은 프로그램은 다음과 같은 목표를 가져야 한다고 본다.

 말더듬 관리목표

① 두려움을 줄여야 한다. 말더듬에 대한 태도 변화로 단어와 상황에 대한 두려움을 줄이도록 노력하고, 말더듬을 이해하여 자신의 좋은 이미지를 만든다.

② 말더듬 유형을 바꾼다. 말더듬 증상을 연구하여 외부로 나타나는 말더듬 유형을 개발하고

---

21) 말더듬을 인정하고 이와 관련된 다른 걱정이나 번민을 제거하는 바람직한 행위 (저자 주)

관리하는 기법을 배운다.

③ 관리프로그램을 개발한다. 인류의 다른 여러 가지 고통이나 질병, 장애와 마찬가지로 말더듬 치료를 위해 스스로나 전문가에 의한 치료를 지속한다.

3. 말더듬을 감추지 말라

말더듬을 극복하고 연설전문가로 활동하는 마가렛 레이니[22] 이야기이다.

세상에서 말을 더듬는 모든 사람들에게 내 얘기를 들려주고 싶다. 어제 저녁 연설전문가로서 말더듬에 관심이 있거나 더듬는 많은 사람들 앞에서 강연을 하였다. 그래서 나는 말더듬에 대한 나의 감정과 지식을 많은 사람들과 이야기하고 싶었다.

나는 청중들에 대한 두려움이 없다는 게 재미있다. 나는 24살이 될 때까지 심하게 말을 더듬었지만 지금은 말과 관련하여 아무런 걱정이나 두려움이 없다. 아직도

---

22) Margaret Rainey, M.A., Shorewood Public Schools, Wisconsin.

더듬는지 궁금한가? 물론 나는 내 자신을 말더듬이라 생각한다. 왜냐하면 가끔 더듬기 때문이다. 그러나 자신을 말더듬이라 부를 수 있는 이유는 아무 사실도 숨기려 하지 않기 때문이다. 오래전에 이미 숨길수록 말하기가 더 많이 힘들어진다는 것을 깨달았다. 벗어나고 싶은 아주 지독한 반복이었다. 하지만 벗어났다. 어떻게? 내가 멈추기 위해 예전에 잘못된 방법으로 노력했던 것보다 훨씬 수월하게 치료할 수 있었다. 그러면 잘못된 방법이란 무엇일까? 그것은 도망치려 한다든지, 숨기려 하거나 잊으려고 하는 것들이다. 나는 정상인 척하기 위해 책에 있는 모든 방법을 사용하였지만 오래가지 못하였다.

내가 중요하다고 생각하는 것은 대화시 상대를 쳐다보며 이야기하는 것이며, 다른 사람들과도 말더듬에 대한 생각이나 느낌을 편하게 하는 일이다. 말을 더듬는 사람들이나 주위사람들이 크게 잘못하고 있는 일은 말더듬에 관한 문제를 숨기려하거나 금기시하는데 있다.

그리고 말을 더듬는 사람들 대부분은 쉽게 고칠 수 있는 신비의 약을 찾고 있으나 그런 약은 존재하지 않는다. 그렇다고 치료가 불가능한 것도 아니다. 지금은 괴물같이 느껴지는 모든 상황들이 나중에는 허수아비라는 것을 깨닫게 될 것이다. 원하지 않는 문제가 발생하면 무엇이 잘못되었는 지를 발견한다는 희망으로 신중하게 분석할 필요가 있다.

4. 말더듬으로 평가하지 말자

다음은 네 번째 체험담으로 노스웨스턴 대학의 그레고리 교수[23]가 쓴 글이다.

나의 어린 시절은 말더듬 문제와 함께 성장했다. 열네 살 때부터는 6주짜리 치료프로그램도 두 개나 참가하였다. 대학시절엔 언어병리학분야를 전공하였다. 여기서 나는 말더듬치료에 있어서 내가 경험한 일들 중 가장 중요하다고 여겨지는 일들을 함께 나누고자 한다.

나의 전공분야를 공부하는 중 말더듬을 고치고 싶어하는 많은 청소년들과 어른들을 만났다. 말더듬과 관련되어 있는 당혹스러운 일들을 생각하면 매우 당연한 욕망이다. 나는 내가 배운 대로 말더듬을 관리하여 없애는 동안 말을 하지 않는 치료법을 받았다. 말을 더듬지 않는 사람들도 유창하게 말을 하지는 못한다는 정상적인 상황도 알게 되었다. 언어학에서의 발성법을 통하여 부드럽게 자음소리와 연이은 모음으로 말을 할 수 있게 되

---

23) Hugo H. Gregory, Ph.D., Northwestern University, Evanston, Illinois.

었다. 일년쯤 내가 정해둔 규칙대로 연습을 하고 사람들에게도 나의 문제를 이야기하곤 했으나 퇴근 후에는 말을 점점 더 더듬게 되었다.

일 년 후 내가 사용한 방법에 대해 되돌아보면서 중요한 사실을 깨달았다. 나는 너무 말하는 일과 치료에 대해서만 집중하고 예민해졌고, 그 이외의 나와 나의 태도에 대해서는 무관심하거나 중요하지 않다고 생각하였던 것이었다. 내가 말을 더듬을 땐 내 자신에 대해서 더욱더 엄격해져서 치료에 매달렸던 시기였다.

이제부터 나는 내가 말을 더듬는 사람이든 그렇지 않은 사람이든 말더듬을 기준으로 나를 평가하지 않기로 하였다. 나는 단지 말을 할 때 가끔 더듬는 사람으로 이해하고 나에 대한 태도를 바꾸기로 하였다. 이런 후에 나는 나의 장애에 대해 관대하게 웃을 수 있게 되었고, 사람들도 편하게 만날 수 있게 되었다. 물론 말더듬도 많이 줄어들었다. 그 후에 사람들의 눈을 편하게 쳐다보면서 말을 편하게 할 수 있게 되었다. 또한 "일부러 말을 더듬는(voluntary stuttering)" 방법에서 "유창하게 말을 하고 유창하게 더듬는(speak-more-fluently & stutter-more-fluently)" 방법을 통해 말더듬을 쉽게 줄이게 되었다.

5. 말더듬 교정은 시간이 필요하다

끝으로 위스콘신대학의 넬슨 교수[24]의 체계적 치료 경험을 살펴보자.

말을 더듬게 된다면 당황스럽고 짜증이 날 것이다. 말더듬은 대화에서도 악역을 할 것이고, 더구나 일상생활에까지 침투하여 괴롭히게 된다. 그리고 과거의 좋지 않았던 경험들이 미래에도 나아지기 힘들 것이라고 생각할 수 있다. 하지만 마술에 의해서가 아닌 체계적인 지식을 공부하면 의외로 쉽게 고쳐질 수 있다. 예를 들면 ① 유창하게 말하는 과정에 대한 자료가 필요하고, ② 말더듬의 원인에 대한 지식을 공부하고, ③ 말을 더듬는 여러 가지 방법을 실험해 보는 것이 필요하다.

여러 문헌에서도 나타나 있듯이 말을 더듬지 않으려는 행위는 오히려 심각하게 더듬게 만든다. 이와 반대로 더듬어보기(try to stutter)를 시도하는 것이 효과적이다. 만약에 내가 더듬을 때 정확하게 무엇을 하고 있는지 파악한다면 고치기가 매우 쉬워진다. 하지만 지금과 같은 형태로 더듬기 위해서는 수년이 걸렸다. 따라서 교정하는 데도 상당한 시간이 걸릴 거라는 것을 인식해야 한다. 체계적인 치료법을 살펴보자.

---

24) Lois A. Nelson, Ph.D., University of Wisconsin, Madison.

① 어떻게 유창하게 되는지를 연구한다.

육체적 움직임으로서의 말하는 법을 이해해야 한다. 도서관에 가서 사람이 일상생활에서 살기 위해 숨을 쉬는 방법과 말하기 위해 숨을 쉬는 방법이 어떻게 다른지 찾아보자. 자리에 편하게 앉아서 자연스럽게 숨을 쉬고 있는 행위를 집중하라. 그리고 공기가 어디로 들어가서 어디로 어떻게 나오는지를 찾아보라. 말을 하고자 할 때 입의 움직임이나 공기의 움직임이 어떻게 변하는지 살펴보고, 천천히 한 음절 한 음절씩 말을 이어서 발음해 보자. 그리고 당신이 편안하고 서두르지 않을 때에는 음성이 얼마나 쉽게 그리고 부드럽게 발성되는지를 느껴보자. 그리고 부드럽게 발성이 될 때에는 그것을 즐기지만 말고, 이때의 움직임들을 학습하자. 소리는 어떤지, 어떻게 보여 지는지, 육체적으로 몸은 어떻게 느껴지는지, 정신적으로 기분은 어떤지를 느껴보고 익숙해지도록 반복하여 학습하자.

② 행위를 공부한다.

정신분석관련 입문서를 한권 골라서 자극과 반

응에 대해 설명한 부분과 이 둘이 어떤 관계인지를 살펴보자. 행동이 어떻게 강화되고 약해지는가를 학습하자. 말더듬 행위는 확신하기에는 복잡하지만 다른 행위들과 마찬가지로 규칙적이고 예측가능하다. 말더듬은 생각보다 교정하기가 쉽다. 예측가능하고 따라서 행동에 관한 지식을 치료에 투입하여 보자.

③ 말더듬의 특성에 대해서 공부한다.

말더듬에 대한 많은 책들이 출판되어 왔다. 전문가들은 말더듬의 특성(반복, 지연, 호흡정지)과 동반되는 행동(턱에 힘을 주거나 눈을 깜박이고, 음~ 이나 거~ 소리를 내는 것), 전형적인 느낌이나 태도, 말더듬이 시간이 지남에 따라 발전되는 단계, 알려진 원인들 등등. 지식의 깊이는 선택이다. 말더듬에 대한 흥미를 가지고 가능한 객관적으로 냉철하게 평가하여 보자.

④ 상세한 말더듬 분석으로 정확도를 높여간다.

분석은 더듬는 횟수를 측정하는 일이 아니다. 말을 더듬을 때 당신은 무엇을 하는가? 말의 반복, 지연, 정지 등이 패턴에 따라 발생하는가? 약하게 더듬을 때와 강하게 더듬을 때에 단어나 문장 등을 몇 번이나 반복하는가? 천천히 말할 때와 빠르게 말할 때의 차이를 살펴보고, 나만의 말더듬 특성을 정리하여 보자.

⑤ 말을 더듬는 순간에 대처하는 능력을 키운다.

　분석능력을 키워서 현재 말을 더듬는 순간을 통제하자. 과거의 어려웠던 경험이나 미래에 실패할 것을 예상하는 일은 별 도움이 되지 않는다. 말더듬을 듣고, 보고, 느끼는 것을 배운다면 바로 거기서 무슨 일이 일어났는지, 무엇을 해야 하는지, 결과는 무엇인지 분석해 보자.

⑥ 말더듬을 실험해 본다.

　한 단어를 선택하여 숨을 멈춘 상태로 발음하려고 하면 그것이 불가능하다는 것을 깨닫게 된다. 그러나 숨을 멈추는 행위를 변환하여 천천히 말이 나오게 할 수도 있다. 이때의 변환행위를 집중적으로 느껴보자. 말을 편안하게 하는 장면을 연상하자. 당신이 무엇을 하고 있는지를 알고 있고 또한 무엇을 하고자 하는지를 알고 있다면 천천히 부드럽게 변환시킬 수 있을 것이다.

⑦ 감정을 이해한다.

　정신입문서를 다시 보자. 감정과 감정의 효과가 일의 수행이나 학습에 끼치는 영향을 살펴보자. 공포와 불안, 이 두 가지 부정적 감정은 일을 수행하는데 부정적이다. 말이나 운동에 마찬가지 효과를 나타낸다. 따라서 치료에는 감정을 조절하는 훈련을 해야 한다. 사건으로부터 반영되는 모든 스트레스를 제거하기는 어려우나 스트레스를 줄이는 방법을 배워서 언어능력을 향상시켜야 한다.

⑧ 효과적인 문제해결사가 된다.

'문제해결법' 책을 보고 복잡한 절차가 아니므로 이들의 기술을 말더듬 행위에 적용해 보자. 문제해결은 논리적이고 객관적인 방법으로 사건을 점검하고 해결방안을 제시하게 된다. 막무가내로 시도하는 것은 시간과 정력을 낭비할 뿐 생산적이지 못하다.

⑨ 말더듬과 수다 두 문제를 가지고 있지 않은지 확인한다.

말을 더듬는 사람들의 반 이상은 이 두 가지 문제를 동시에 가지고 있다. 수다와 말더듬을 동시에 갖고 있는 경우 치료는 매우 힘들어질 수 있다. 수다의 특징인 말은 빠른데 단어가 생각나지 않는다든지, 많은 생각들을 잊기 전에 이야기하려고 하는데 적당한 단어들이 생각나지 않으면 말이 끊기고 더듬게 된다. 수다에 대한 기본 해결책은 생각을 정리하고 단어를 찾아내어 말의 속도를 줄이는 길이다. 그리고 그 위에 여러 정보와 경험으로 말하는 방법과 감정을 바꾸려고 노력해야 한다. 모든 것을 긍정적으로 생각해야 하는 이유는 말하는 방법을 긍정적으로 생각하는 만큼 긍정적으로 말할 수 있게 된다.

끝으로 습관을 바꾸기 위해 투입한 시간과 노력 그 자체만이 결과로 나타나게 된다는 점을 명심해야 한다.

6. 말더듬는 아동의 이야기

사람들이 가끔씩 조언을 해주면 괜찮다. 그러나 대부분의 사람에게 조언은 그리 효과가 없다. 아이는 이미 할 수 있는 한 최선을 다하는데 사람들은 아이가 더 잘하기를 바란다. 이렇게 강요당하면 말하고 싶은 것을 계속 하기가 힘들다. 물론 이 사람들은 이렇게 조언하는 것이 아이를 편안하게 해주는 것이 아니라 더 힘들게 한다는 사실을 모른다. 그러므로 그들에게 아이의 말더듬에 관해 말하고 아이가 조언을 해주기를 바라는지 아닌지를 설명해 줄 필요가 있다. 그렇게 하면 실제로 도움이 될 수 있다.

아마도 아이가 스스로 조언이 필요하다고 요구하기 약간 어려울 수 있다. 여기에 나온 이야기를 아이가 정기적으로 만나는 사람에게 들려 주면 좋을 것이다. 부모님들이 다른 어른들에게 정보를 줄 수 있을 것이다.

■ 교실에서 말하기(팀, 11세)

팀은 11살인데, 특히 학교에서 말을 더 많이 더듬는다. 선생님은 그런 이유를 알지 못했다. 팀이 교실에서 무엇인가 말하려고 할 때마다 선생님은 아주 긴장을 하고 그를 멈추게 하고 다른 아이에게 순서를 돌렸다. 선생님은 팀이 다른 아이들 앞에서 말을 더듬지 않을 수 있게 도와주었기 때문에 감사할 거라 생각했다.

그러나 완전히 반대였다. 팀은 교실에서 한 번도 말할 기회를 얻지 못한 것 때문에 불만이 가득 찼다. 그래서 그는 엄마에게 이야기하고 함께 선생님을 만나서 그 문제를 논의했다. 그들은 팀이 원하면 언제든지 말할 기회를 주고 아무도 말더듬는 것을 문제 삼지 않기로 했다. 팀은 현재 즐겁게 학교를 다니고 있다.

■ 말을 더듬어도 괜찮아(리디아, 10세)

큰 귀, 빨간 머리카락, 금발, 통통한 코를 가진 것이

법을 어기는 것은 아니다. 비싼 옷, 새 상표의 자전거 또는 작은 코도 마찬가지다. 말더듬도 법을 위반하는 것이 아니다. 만일 아이가 말더듬이 나쁜 것이라 정한다면 아이는 자신에게 말을 더듬지 말라고 더 많은 압박을 주게 되는데 이는 말더듬을 악화시키게 된다. 이렇게 하는 것이 아무도 행복하게 만들지 않기 때문에 나는 항상 "말을 더듬어도 괜찮아"라고 말한다.

아이가 말을 더듬어도 괜찮다고 생각한다면 아이는 자신에게 말을 더 잘하라고 강요할 필요가 없다. 그리고 그렇게 강요하지 않는다면 말하는 것을 더 쉽게 시작하게 되므로 아이는 생각해 왔던 것을 그냥 반대로 하면 된다.

리디아는 10살인데 자신이 말더듬는 것을 매우 창피하게 생각한다. 말을 더듬지 않겠다고 결심한 그녀는 자신에게 너무나 가혹하게 행동했고 말더듬은 점점 더 심해졌다. 엄마와 아빠는 말더듬이 전혀 문제가 아니라는 점에 의견을 같이 했다. 리디아는 치료자와 함께 말을 더듬으면서 모든 게임을 함께 했고 최근에 다음과 같은 시를 짓고 크게 웃었다.

씩씩거리지 말자
계속해서 말을 더듬자

명랑하자

말을 더듬어도 괜찮아.

리디아는 훨씬 행복해 한다. 그녀는 말을 더듬어도 예전처럼 싫어하지 않고 벌써 더 편하게 말을 한다.

▪ 말더듬 인형 친구(제니, 7살)

제니는 7살인데 자신이 말더듬는 것이 너무나 싫어서 화가 나고 슬퍼한다. 제니는 생일날 입술을 움직이는 인형을 선물로 받았다. 그 애는 인형을 "말더듬이 인형"이라 부른다. 자신이 말더듬으로 기분이 나빠지면, 그녀는 인형에게 가서 모든 말을 한다. 만일 울고 싶으면 인형은 친구가 되어 준다. 물론 혼자서 울지 않아도 된다는 것이 훨씬 위안이 된다.

▪ 장난감차 이용(찰스)

찰스는 또 다른 해결책을 찾았다. 그는 많은 장난감 차가 있는데, 자신이 말더듬는 것 때문에 기분이 나빠지면 차들을 꽝하고 부딪칠 정도로 달리게 한다. 그 다음 그는 경찰이 와서 무슨 일이 있었는가를 묻는 것처럼 꾸미고 무엇 때문에 그렇게 화가 났는지를 이야기한다.

말을 더듬는 아이들의 이야기는 수없이 많다. 여기에 그 아이들이 말더듬에 관해 어떻게 생각하는가를 알 수 있는 이야기를 소개하려 하는데 말을 더듬는 아이들의 경험은 많이 닮아 있다. 아마 당신 자녀의 이야기일 수도 있다.

■ 말더듬에 대한 정서적 반응들

"나는 말을 더듬고 싶지 않다. 이것이 내가 말더듬에 관해 적으려는 이유이다. 할머니와 할아버지, 삼촌과 친척들을 보려 갈 때마다 나는 말을 시작하려고 하면 말을 더듬는다. 그러고 나면 말을 더 많이 더듬는다. 학교에서 아이들과 싸움을 하면 아이들은 '말더듬이 입'이라고 놀리는데 나는 그렇게 부르는 것이 싫다. 나는 말을 더듬고 싶지 않고, 말을 더듬는 것이 창피해서 정말로 내가 말을 더듬는 게 싫다." 이것은 9살 앤의 이야기이다.

세바스찬은 13살이 되었는데, 말더듬에 관해 생각했던 것을 아주 정확하게 설명하고 있다. "어떻게 나는 말을 더듬게 되었나? 오래 전에 나는 좀 더 편하게 말을 더듬는 법을 알게 되었고 수년 동안 별 탈 없이 진행되었다. 나는 현재 나이가 들었고 말더듬이 다시 심해졌다. 나는 다시 치료를 받으러 다니고 이미 나아지고 있다.

나는 치료시간을 좋아하는데 이것은 다행이다. 만약에 치료를 받으러 가고 싶어하지 않는다면 아마도 나는 도움을 많이 받지 못할 것이기 때문이다.

나는 말더듬는 습관을 버리고 싶다. 말더듬 것이 무엇 때문에 나를 그렇게 힘들게 하는가? 말을 더듬게 되면 나는 보통 꼼짝을 하지 못한다. 입가에는 긴장이 많이 생기는데 이는 점점 커지고 나는 숨이 막힌다. 말더듬은 심각한 문제이다. 그러나 그럴 때 나는 자신에게 "말더듬은 범죄가 아니다, 그런데 왜 내가 조금 말을 더듬는다고 문제가 되는가?"라고 말하는 게 도움이 된다.

모르는 사람들이 나에게 무언가 물어볼 때 나는 말을 더듬지 않으려고 아주 열심히 노력할 뿐이다. 그리고 그런 때 난 말을 더 많이 더듬는다. 무언가 빨리 말하려고 하면 나는 다시 숨이 막힌다. 그러면 사람들은 내가 말하려던 것을 추측하기 시작한다. 그들은 좋은 뜻으로 하지만 나는 내 스스로 말하고 싶기 때문에 그들이 그러는 게 아주 싫다. 나는 아주 빨리 말하곤 했는데 더 이상 그러지 않는다. 나는 스스로에게 "걱정하고 싶지 않으면 급히 말하지 말라"고 말하게 되었다. 나는 말더듬을 고치고 싶고 언젠가는 더 편하게 말할 수 있게 되기를 바란다.

매튜는 "말더듬에 관한 모든 것이 불편하다"고 말한다. 그는 현재 11살이고 다음해에 중학교에 가는데 다른 소년과 같이 상담하러 온다. 매주 우리는 더 편하게 말하기 위해 모든 종류의 일을 함께 하며 좋은 시간을 보낸다. 좋은 시간을 보내는 것 역시 더 편하게 말하는데 도움이 된다. 매튜는 이런 이야기를 적었다.

"나는 말더듬는 것이 싫지만 내가 말더듬 때문에 죽지는 않는다는 것을 이제 안다. 내가 교실에서 큰 소리로 낭독을 해야 할 때 나는 스스로에게 말을 더 이상 더듬지 않겠다고 말한다. 그러나 어쨌든 말을 더듬게 되고 나는 그러는 게 싫다. 나는 더 많이 배우고 싶은데 아는 것이 나를 행복하게 해주기를 바란다. 나는 무엇을 더 써야 하는지 모르겠고 이것으로 충분하기를 바란다.

다음은 에디의 이야기다.

나는 13살이다. 나는 오랜 동안, 8년쯤 말을 더듬었다고 생각한다. 나는 12살이 되면서 언어치료를 시작했다. 나는 처음에는 여자 치료사에게 갔지만 이후로 남자 치료사에게 다녔다. 그는 내가 말을 더듬는 것이 괜찮다고 계속해서 말하지만 나는 속으로 다르게 생각한다. 말을 더듬을 때 나는 죽고 싶을 정도로 창피하고 나의 말더듬은 진정한 장애라 생각한다.

▪ 여러분 자녀의 이야기는 어떤가...

당신의 자녀는 다른 아이들이 쓴 많은 이야기를 읽었다. 그러나 물론 자녀에게는 말하고 싶은 자신만의 이야기가 있을 것이다. 지금 자녀만의 이야기를 적어 보게 하는 것은 좋은 생각이다. 아마도 아이는 말더듬 때문에 화가 날 지도 모른다. 그러면 화난 편지를 쓰게 하라. 아마도 아이는 말더듬을 그다지 신경 쓰지 않을 수 있다. 아이는 그것을 신경 쓰지 않을 것에 관해 말할 수 있다. 아마도 아이는 말더듬에 관해 무엇을 해야 할지 모를 수도 있고 또한 말더듬에 관해 생각하고 느끼는 것을 모두 적고 싶을 수도 있는데 이렇게 하는 것은 큰 위로가 될 수 있다. 자신의 이야기를 하고, 적고, 그것에 대해 무엇을 하고 싶은지를 보아라. 아이 혼자 간직하거나 엄마나 아빠에게 보여 줄 수도 있는데, 이는 아이가 결정할 일이다.

아이의 편지를 말더듬 치료기관이나 모임에 보낼 수도 있다. 말을 더듬는 아이들이 하고 싶은 이야기를 읽음으로써 많은 것을 배울 수 있기 때문에 전문가들은 경험자들이 그렇게 해주는 것이 말더듬의 이해와 치료에 좋을 듯하다. 그리고 더 많은 경험자의 이야기를 들을수록 전문가들은 다른 사람을 더 많이 도와 줄 수 있다.

4장
유용한 관련 기사

1. 말더듬은 순전히 습관? No! 음성질환 숨어 있다[25]

흔히 잘못된 습관 탓으로 여기는 '말더듬'이 구조적인 음성질환을 동반하는 경우가 많은 것으로 나타났다. 언어치료 전문 프라나이비인후과 음성센터가 최근 말더듬으로 내원한 84명의 사례를 조사한 결과, 연축성발성질환 26.1%(33명), 근긴장성발성질환 21.4%(27명), 성대부종 7.2%(9명) 등의 순으로 음성질환을 동반하는 것으로 나타났다. 이런 질환은 그 자체로 말더듬과 혼동되기 쉬우며 말더듬을 더욱 악화시킨다는 지적이다.

---

25) http://biz.heraldm.com/common/Detail.jsp?newsMLId=2009
   0330000142

말더듬은 말하려는 의식과 이것을 움직임으로 나타내는 관련 근육들의 움직임 사이의 부조화로 나타나는 현상이다. 말 막힘, 말 주저, 말 반복, 부수적 행동 등 크게 4가지 증상으로 구분할 수 있다. 이 중 말 막힘 현상과 말 반복 증상이 나타날 때 말더듬이 가장 현저하게 느껴진다. 보통 2, 3개 증상이 함께 오는 경우가 많은데, 이는 말하는 것 자체가 호흡, 발성, 발음이 유기적으로 작용하는 결과물이기 때문이다.

프라나이비인후과 음성센터의 안철민 원장은 "만일 소리를 만들어내는 근원인 성대에서 긴장을 유발하는 음성질환이 있으면 혀와 구강구조물에도 2차적인 긴장을 초래하게 된다"며 "이는 관련 근육 움직임의 부조화를 심화시켜 말소리가 시작되거나 말하는 중간에도 영향을 주면서 결과적으로 말더듬을 더 심하게 만든다"고 지적했다. 연축성발성질환은 후두부 신경 이상으로 성대가 의지와 상관없이 이완, 수축하는 질환이며, 근긴장성발성질환은 긴장과 피로 때문에 목소리가 끊기고 떨리는 질환이다. 성대부종은 성대가 긴장 등으로 일시적으로 붓는 것이다.

스스로 말더듬을 개선할 수 있는 방법은 복식호흡을 통한 부드러운 호흡을 이용해 발성을 하되, 가급적 천천히, 마치 입 앞에 있는 휴지를 부는 느낌으로 말을 하도록 하는 것이다. 이런 개인적 노력으로도 개선되지 않을 때는 음성치료기관의 진단을 받아보는 것이 바람직하다. 조기 발견, 치료하면 예후가 좋지만, 방치하면 목소리와 발음 이상까지 일으킬 수 있다고 전문의들은 충고했다. _ 헤럴드경제 조용직 기자 (yjc@heraldm.com)

2. 말더듬, 대인기피로 '오! 외로운 인생' [26)]

말 더듬는다는 정신적 압박, 치료에 가장 큰 방해…
자신감 회복이 중요

'국어시간에 친구들 앞에서 책 읽는 순간이 가장 힘들었다'
'결혼하려고 했던 남자친구와 결혼을 포기했다'
'모르는 사람과 전화 할 때 너무 힘들다'

말더듬는 사람들의 모임에서 흔하게 나오는 얘기들이다. 이같이 '말더듬'을 겪는 사람들은 주로 대인기피를 호소하며 정신적인 스트레스로 이어져 말더듬이 지속되는 악순환을 겪게 된다. 즉 말더듬을 인지하는 순간

---

26) http://www.mdtoday.co.kr/health/news/index.html?cate=
16&no=12064

더욱 말더듬이 심해진다는 것.

■ 말더듬 원인은?

말더듬의 원인으로는 학자들마다 그 견해가 다르다. 또한 아직까지 뚜렷한 원인조차 증명되지 않고 있다. 다만 심리적 · 환경적 요인으로 생기거나 혹은 기질적 원인 등으로 짐작하고 있을 뿐이다. 따라서 환자들은 언어치료에 많이 의존해 왔다. 그리고 현재 국내 성인말더듬을 치료할 수 있는 곳은 종합병원의 언어치료실, 개인언어치료센터, 한방병원, 사설언어교육학원(스피치 훈련 학원) 등이 존재한다. 그러나 최근 들어 유전적 요인과 뇌기능 장애가 원인일 수 있다는 연구결과들도 나오고 있다. 지난 2002년 독일에서는 뇌의 좌반구의 한 부위의 조직 구조가 말더듬 환자와 정상인 간에 큰 차이를 보인다는 결과를 발표했다. 즉 말더듬 환자는 언어의 기획과 발음을 관장하는 조직을 서로 연결하는 섬유로에 결함이 존재했다는 것.

한편 우리나라의 경우 한의학적 접근도 시도되고 있다. 세명대 한의대 민병일 겸임교수는 "말더듬은 선천적으로 좌측뇌의 기를 약하게 받고 태어난 아이가 언어 습득과정인 3~4세 때부터 좌측내의 기능적 장애를 일으키거나, 8살 내외의 중요한 좌뇌기의 변화 시기에 외부적 환경이나 내부적 심리적 갈등으로 인해 정상적인 흐름이 방해 받아 발생한다"고 전한다.

한편 우리나라 말더듬 인구는 아직 정확한 통계가 나와 있지 않다. 하지만 외국의 경우를 비춰볼 때 국민의 0.5~1%정도로 예상한다. 이는 증세가 심해서 크게 드러나는 경우와 일상에서 큰 불편이 없는 경미한 경우를 합한 것이다.

■ 최고의 치료는 역시 '자신감'

실제 말더듬는 사람들은 겪어보지 않고는 그 고통을 이해할 수 없다고 표현한다. 즉 살아가기 힘들만큼 많은 좌절을 겪는다는 것. 그래서 말수가 적어지고 말을 할 기회를 아예 차단하는 등의 방법을 택하기도 한다. 어릴 때부터 말더듬이였다는 서울에 사는 박 모씨는(25 · 대학생) "사람들은 평범하게 말하는 게 얼마나 큰 축복인지 모르고 산다"며 "앞으로 졸업 후 취업이나 할 수 있을지 모르겠다"고 전했다.

그러나 원인이나 최선의 치료법에 대해서는 아직까지 학자마다 견해가 다르고 의견이 분분하다. 하지만 대부분의 전문가들이 가장 중요한 것으로 꼽는 것은 무엇보다 '자신감'이다.

실제로 유명인들 중에도 말더듬 증세가 있는 사람들이 많았다. 얼마 전 미국의 골프 황제 타이거 우즈도 어릴 적 말더듬으로 고생한 전력이 있다고 밝혀 화제가 됐다. 우리나라에서는 지난 5·31지방선거 때 부산시장후보로 출마한 오거돈 전 해양수산부장관이 말더듬이로 유명한 인사다. 그는 성악을 부름으로서 말더듬을 극복한다고 밝히기도 했다.

한편 전문가들이 공통적으로 제안하는 말더듬의 극복을 위한 대표적 지침들은 다음과 같다.

• 말더듬을 숨기지 말고 상대에게 떳떳하게 공개할 것
• 처음부터 힘을 주어 말하지 않고 천천히 할 것
• 말할 때 될 수 있는 한 상대방의 눈을 쳐다볼 것
• 친구를 많이 만들 것 등이다.

_ 메디컬투데이 이유명 기자 (jlove@mdtoday.co.kr)

제 **5** 부

아동의 말더듬에 대해 자주 묻는 질문과 대답

통계적으로 100명당 1명 이상의 아이들은 대개 취학 전에 말을 더듬기 시작한다. 이처럼 많은 아이들이 말을 더듬는데, 자녀가 말을 더듬는다고 여겨질 때 부모는 어떻게 대처해야 하는가 하는 물음에 대한 답들을 여기에 제시한다. 많은 학자들이 연구를 하고 있지만 말더듬의 정확한 원인은 밝혀지지 않고 있다. 다만 여러 가지 심리적 상황적 요인들을 추측할 수 있을 뿐이다.

물론 정확한 원인을 밝힐 수 있다면 좋겠지만 그보다 더욱 중요한 일은 말더듬을 더 악화시키지 않거나 더 이상 더듬지 않게 하는 치료를 시행하는 일이다.[27] 이를 위해 우리는 자칫 왜곡되거나 과장되게 생각함으로써 발생하는 많은 문제점들을 우선 살펴보고 그 후 치료방법을 선택하는 것이 중요하다.

---

27) 일리노이 대학의 Ehud Yairi and Nicoline G. Ambrose 박사와 동료들이 수행한 종단연구는 초기 아동기의 말더듬 발달에 관한 탁월한 새 정보를 제공하고 있다. 이들의 연구결과는 말—언어 치료사들이 말더듬을 쉽게 벗어나는 아동과 평생 말더듬 문제로 고생하기 쉬운 아동을 판단하게 해주고 있다. http://www.stutteringhelp.org/Research/ eyairi.html

*1*장
증상

Q1 말더듬은 심각한 문제인가?

A 아무도 말을 더듬고 싶어하지는 않다. 말을 더듬을 때 어떤 단어는 특히 말하기가 힘들다. 때로 목이 막히고 말하고 싶은 것을 할 수 없거나 단어의 첫 부분을 여러 번 반복한다. 아이들이 정말로 열심히 말하려고 시도한다면 해낼지 모르지만, 더 열심히 시도하는 것만으로 말더듬은 종종 악화되기도 한다. 계속 말하려 하면 아이들은 더욱 긴장을 하고 얼굴 전체나 입으로 모든 이상한 모습을 보여야 한다. 다른 사람들은 더듬는 소리를 듣고 무슨 생각을 하는지 알 수가 없다.

종종 그들은 아이를 도우려하는데 가끔은 괜찮기도

하지만 종종 더 악화되기도 한다. 말을 더듬지 않는 사람들은 일반적으로 말더듬을 이해하기가 매우 힘들다. 그들은 도와주려는 의도가 있어도 무엇을 해야 할지 모른다. 아이는 사람들의 얼굴에서 당황하고 약간 긴장하고 있음을 안다. 긴장을 하면 사람들은 가끔 우스꽝스런 일을 한다. 이는 아이의 잘못이 아니라 그들이 말더듬에 관해 너무 모르게 때문이다. 따라서 우리는 말더듬에 관한 전문적 정보를 그들에게 알려주어야 한다. 그들이 더 많이 이해하게 되면 긴장하지 않고 그러면 결과적으로 우리가 그들을 도와준 것이 된다.

Q_2 왜 더듬을 때와 더듬지 않는 때가 있을까?

A 특히 어린이에겐 말더듬이 일정하지가 않다. 말을 더듬는 형태나 빈도가 상황에 따라 그리고 날마다 다르다. 한 대화 중에서도 다르게 나타난다. 아직까지 아무도 왜 그런지 알 수가 없다. 다만 아이가 대화 중에 흥분을 하였거나 매우 피곤하거나 걱정을 많이 하거나, 빨리 보여주고 싶어하거나 말하고 싶을 때 등 신체적 정신적 변화가 있을 때 말도 달라진다. 하지만 보통사람들도 이러한 상황에서는 제대로 말을 하지 못하는 경우가 많다.

하지만 아이들이 조용하고 차분한 환경에서도 매우

심하게 더듬는 일도 종종 있다. 이러한 말더듬의 급격한 변화는 사실 오랫동안 연구해 온 학자들도 그 이유를 찾지 못하고 있다. 사람들이 말더듬을 이해하기 어려워하는 이유는 쉽게 알 수 있다. 때로 아이들은 아주 쉽게 말하지만 다른 때는 말하는 것을 힘들어 한다. 방에서 혼자 큰소리로 놀 때는 모든 것이 문제가 없다. 아기나 애완동물에게 이야기할 때는 전혀 문제가 없다. 노래할 때 가사는 자연스럽게 나온다. 어떤 아이는 화가 나면 말을 더듬지 않고, 다른 아이는 화가 나면 말더듬이 심해진다. 어린 동생에게 말하는 것은 쉽지만 어른들에게 말하는 것이 어려울 수 있다.

어떤 아이는 학교에서 말을 더 많이 더듬고 집에서는 거의 더듬지 않는다. 다른 아이는 학교에서는 상당히 자연스럽지만 집에서 말을 더듬는다. 많은 아이들은 휴가 중에는 말더듬이 줄거나 전혀 더듬지 않는다. 피곤하거나 아프면 아이들은 말을 더 더듬지만 반대 경우도 있다.

너는 이 모든 것은 받아들일 수 있을까? 말더듬은 왔다 갔다 하고 항상 변하는 것처럼 보여 이해하기가 힘들다. 이것이 왜 사람들이 이 문제를 다루기가 그렇게 힘든가 하는 이유이다.

모든 아이들은 자기 식으로 말한다. 어떤 아이는 천천히, 어떤 아이는 빠르게 말한다. 어떤 아이는 작은 목소리로, 다른 아이는 큰소리로 떠든다. 사람마다 말하는 방식이 특별하고 말더듬는 방식도 특이하다. 이것은 당연하다. 만일 우리가 모두 똑같다면 지겹지 않을까?

Q3 말더듬은 평생 지속되는가?

A 보통 그렇지 않다. 약 80% 어린이의 말더듬은 점차 나아진다. 그리고 절반은 말더듬 시작 후 6개월 이내에 사라진다. 말더듬이 어른이 될 때까지 지속된 사람들의 1/3 정도가 사회생활에 지장을 받고 있다. 하지만 대부분 일상생활에서의 대화에서 심각한 수준의 문제는 아니다. 아이가 갓 말을 더듬기 시작하면 말더듬에 온갖 신경을 쓸 수 있다.

하지만 아이의 말더듬 기간이 많이 지나고, 말더듬과 싸우거나 말해야 하는 자리를 피하고, 혹은 자신의 고민을 이야기하는 시기가 되었으면 아이에게 직접적으로 말더듬에 대해 섣불리 이야기하지 말고 바로 전문가를 찾아야 한다. 말더듬이 일관성 있게 지속된다면 전문가의 치료를 받지 않는 한 시간이 지나도 사라지기 어렵다.

Q4 말더듬을 어떻게 인식하는가?

A 초기단계에서는 통상적으로 다른 아이들과 같이 말하면서 놀기 때문에 알아채기가 힘들다. 또한 대하기가 편한 부모 앞에서는 특히 더듬는 경우가 드물거나 간혹 더듬기 때문에 더욱 알아채기가 어렵다고 할 수 있다.

하지만 같은 말이라도 상황이 달라지면 더듬을 수도 있고, 몇 주 동안 전혀 더듬지 않아도 어느 순간부턴 끊임없이 더듬는 현상도 나타난다. 따라서 아이들의 말이 일시적일지라도 조금이라도 이상하다고 느껴지면 아이가 눈치채지 못하게 주의 깊게 살펴야 한다. 반복되는 말이지만 아이의 일시적 말더듬을 고정된 행위로 주지시키는 행동은 매우 위험하기 때문이다.

Q5 보통 언제 말더듬을 시작하는가?

A 말더듬의 위험이 증가하는 시기는 만 2세부터 4세까지이고, 그 다음 만 12세까지는 점점 줄어든다. 말더듬이 시작되는 시기는 보통 언어습득이 빠르게 증가하는 시기이다. 사실 말을 더듬는 아이들의 대부분은 말을 더듬기 전에 부모에게 말을 잘 할 수 있었기 때문에 부모로서는 말을 더듬기 시작하기 전까지는 왜 정상적으

로 언어가 발달하지 못하였는가에 대한 의심을 할 이유가 없다. 더듬는 대부분의 아이들은 만 5세 이전에 시작한다. 사실 뇌손상을 제외하고는 만 12세 이후에 말을 더듬기 시작하는 사례는 찾기 어렵다. 따라서 말더듬은 어릴 적 발달상의 문제라고 할 수 있다.

하지만 말을 심하게 더듬으면서도 사회적으로 유명한 사람들도 많다. 영국 수상 윈스턴 처칠, 만유인력법칙을 발견한 과학자 아이작 뉴턴, 영국의 조지 4세 왕, 영국 소설가 서머셋 모옴, 미국의 작가 버드 슐버그, 헐리우드 스타 브루스 윌리스, 가수 칼리 사이먼, 골프 황제 타이거 우즈 등이 있다.

Q6 말더듬 현상은 모든 아이들에게 비슷하게 나타나는가?

A 말더듬 현상은 서로 다르게 나타난다. 말더듬은 시기적으로 정상적으로 말을 하는 시기와 섞여서 나타나기 때문에 그리고 말더듬 기간에 따라 정상적으로 말을 하려는 다양한 방법이 있고, 현상은 다르다. 즉 유창하게 말을 할 수 있는 다양한 방법이 있고 개인에 따라 다르게 선택하는 것도 말더듬 현상이 사람마다 다르기 때문이기도 하다. 또한 한 아이의 말더듬 현상도 시기나 장소 등의 환경에 따라 변화한다.

예를 들면 명백한 신체적 긴장이나 발버둥, 입이나 턱의 떨림, 말의 포기 그리고 눈물에 이르기까지 개인에 따라 매우 다양하다. 말더듬이 지속되면 아이들의 언어 혼란 현상도 달라진다. 더듬을 때 어떤 아이들은 눈을 깜빡이거나 입술을 떨기도 하고 혹은 머리를 흔들기도 한다. 대부분의 아이들에게 이러한 현상은 시간이 지남에 따라 사라지지만, 어떤 아이들은 이러한 현상에 매우 당황해한다. 따라서 말을 회피하거나 말을 더듬을 것으로 생각되는 장소나 환경에는 나가지 않으려고 한다. 시간이 지날수록 말을 더듬는 것을 회피하려는 행동은 말을 더듬는 그 자체보다 더 큰 문제가 되기도 한다. 어떤 도움이 없이는 말더듬에 대한 염려나 공포는 그들이 할 수 있는 모든 일들로부터 큰 장벽을 치는 것과도 같다.

Q7 말더듬은 흔한 문제인가?

A 숫자로는 세계적으로 인구의 약 1%인 6천만 명이 말을 더듬는 것으로 추정한다. 따라서 우리 주위의 친구나 동료, 이웃에게서 말을 더듬는 사람을 종종 볼 수 있다. 어린이들의 약 5%는 한동안 말을 더듬은 경험을 가지고 있다. 나이가 어릴수록 많으나 쉽게 치유되고, 나이가 들면서 숫자는 줄어드나 쉽게 치유되지 않는다. 한

국은 40만 명 정도로 추산된다. 국내외 관련사이트를 방문하면 유용한 정보를 볼 수 있다. 그리고 가족력도 영향이 있어 부모 중에 말을 더듬는 집은 그렇지 않는 집보다 말을 더듬는 확률이 높다. 말더듬은 대부분 취학 전 아이들에게 유행하고, 나이가 들수록 사라진다. 평균적으로는 인구의 1% 정도가 말을 더듬지만 1,000명당 3명, 즉 0.3% 정도에게는 교육이나 직업 그리고 사회활동에 영향을 받을 정도로 심각한 장애로 존재하고 있다.

Q8 말더듬는 사람의 남녀비율은?

A 말을 더듬는 남성은 여성에 비해 4배나 많다. 말을 더듬는 아이의 수는 남자가 여자의 3배이다. 하지만 남자아이들은 말더듬 외에 다른 언어문제도 여자보다 많이 발생한다. 남녀의 명백한 차이는 생물학적 조직구조, 신체적 성숙도, 언어의 발달, 부모의 태도나 기대의 차이이다. 하지만 이러한 차이들에 의해 남녀의 말더듬 차이를 명백하게 설명하기는 부족하다.

Q9 말더듬는 아동은 얼마나 되나?

A 약 20%의 아동은 부모님이 걱정할 정도로 심각한

어눌함을 경험하는 동안 하나의 발달 단계를 지나게 된다. 약 5%의 아동은 6개월 이상 지속되는 말더듬 기간을 겪는다. 이 중에서 장기적 문제를 가진 1%가 남고, 3/4은 아동기 후기까지 회복된다. 최상의 대처방법은 조기치료이다.

Q10 말더듬의 증상은 구체적으로 무엇인가?

A 말더듬은 의도하지 않게 단어(과자 과자 과자...)나 음절 (과 과 과...자)을 반복하거나, 둘째 말을 지연시키면서 하는 행동 그리고 말하고자 하는 단어가 막혀서 나오지 않는 세 가지 증상들을 주로 의미한다. 말더듬의 특징은 어떤 문장이나 단어를 과거에는 아무런 어려움이나 힘든 노력없이 수백 번 수천 번 편안하게 말을 하여 왔지만 어떤 순간에만 앞의 세 가지 유형으로 말이 막히는 현상을 뜻한다. 대부분의 취학 전 어린이 말더듬은 잠시 나타나는 현상으로 지나가지만 만약 어린이들이 말을 하기 위해 몸을 비튼다든지, 상대와의 눈을 피하는 등 말을 잘하기 위해서 많은 노력을 한다면 이는 아이가 자신이 말을 더듬는 사실을 매우 심각하게 인식하고 있다는 증거이므로 빨리 전문가를 찾아야 한다. 말더듬이 일시적으로 지나가는 아이들의 특징은 자신이 말을 더듬는다는 사실을 잘 인식하지 못하는 경우이다.

2장

원인

Q11 말더듬의 일반적 원인은?

A 말더듬으로 발전되기 쉬운 다음 4가지 요인이 있다.

1. 유전 : 말더듬의 약 60%는 가족원이 말더듬이다.

2. 아동발달 : 다른 말과 언어 문제나 발달이 늦는 아이들은 말을 더듬기 쉽다.

3. 신경생리학 : 최근 연구는 말더듬는 사람은 그렇지 않은 사람에 비해 말과 언어를 뇌의 다른 부분에서 처리한다는 것을 보여준다.

4. 가족역동 : 높은 기대와 빠른 속도의 라이프스타일이 말더듬을 유발한다.

말더듬은 요인들의 결합이 생기면 발생할 수 있고 사람마다 원인은 다르다. 말더듬의 원인은 말더듬의 유지나 악화와 다른 원인일 수 있다.

Q12 말더듬은 두뇌의 문제와 관련이 있나?

A 최근의 발표에 따르면 성인의 경우 뇌의 영상 활동에서 약간의 차이를 나타내는 것으로 보고되었다. 하지만 이러한 연구는 아직 초기단계이고 그 연구 결과를 현실적 결과로 마무리하기엔 매우 이른감이 있다. 객관적인 결론을 도출하기 위해서는 더 많은 사람들을 대상으로 한 연구가 필요하다. 그리고 말더듬이 뇌와 관계가 있다는 가정은 당연한 것으로 그 이유는 언어가 뇌와 관계가 있기 때문이다.

Q13 왜 내 아이가 말을 더듬는가?

A 부모들이 가장 많이 하는 질문이다. "왜 내 아이가 말을 더듬는가?" 아무도 부모들이 알고자 하는 물음에 정확히 답할 수는 없다. 만약에 원인이 정확하게 밝혀진다면 쉽게 치유할 수 있을 것이다. 하지만 중요한 일은 아이들의 말더듬을 치유하는데 있어서는 그 물음에 답

을 할 필요나 이유가 없는 것이 현실적 한계이다.

Q14 아이가 더듬는다는 것을 어떻게 단정하는가?

A 보통 말더듬의 원인이 한 가지라고 생각할 수 있지만 여러 가지가 복합적 원인일 수 있다. 서로 다른 아이들이 서로 다른 원인으로 같은 결과인 말더듬에 도달할 수 있다. 여러 가지 원인들 중에서 한 가지 원인을 찾으려한다는 것은 오히려 문제해결보다는 다른 문제를 만들 수 있다. 말더듬에 대해서는 여러 학문적 연구가 있어 왔지만 아직까지 만족할 만한 발표는 없었다. 확실한 사실은 말을 더듬는 사람들이 더듬지 않는 사람들보다 어떤 정신적 열등성이나 결함은 전혀 없다는 것이다. 따라서 보통사람들 이상의 염려는 없다고 본다. 따라서 말더듬이 어떤 정신적인 외상에서 발생하였거나 비정상적인 양육과정에서 발생하였다고 보기는 어렵다.

하지만 어떤 아이들은 유전적 원인이 전달되었다고 보는 시각도 있다. 또한 모든 사람들에게 영향을 끼치지는 않는다하더라도 말더듬을 유발하는 어떤 환경이 존재하는 것으로 믿는다.

그리고 유창하게 말하는 것을 방해할 수 있는 취약한 신체적 발성구조를 가지고 있을 수도 있다. 이러한 취약

점은 보통 인정되지 않고 있으나 몇몇 학자들은 약간의 뇌적 이상이 발성을 하기 위해 필요한 100개 이상의 근육을 충분히 활용하지 못하는데서 원인을 찾고 있다. 끝으로 약간의 말더듬에 대한 염려나 긴장이 말더듬을 악화시키고 지속시킨다는 믿음도 존재한다.

Q15 말더듬의 원인은 무엇이고 왜 지속되는가?

A 말더듬을 야기하는 원인과 지속시키는 원인은 매우 다르다고 보는 시각이 많다. 예를 들면 칼을 잘못 사용하여 손가락이 베었을 때 초기의 고통은 칼이지만, 그 후 그 상처에 소금이 들어가 더 큰 아픔이나 감염이 되었을 때 소금은 총체적인 원인이 아니라는 것이다. 우리는 아직 원인인 칼을 찾지는 못하였지만 악화시키는 원인인 소금에 대해서는 어느 정도 알고 있다. 말더듬에 대한 연구도 원인보다는 치료나 교정에 중점을 두는 것이 사실이다.

Q16 말더듬은 누구 때문인가?

A 말더듬의 원인이 부모는 아니다. 몇 년간의 연구에도 부모가 아이들의 양육과정에서 말더듬을 유발하는

영향을 끼칠 수 있다는 요인은 찾지 못했다. 반대로 부모와 다른 가족구성원들은 아이의 말을 도와줄 수 있는 것으로 나타났다. 예를 들면 조용하고 차분한 생활환경을 제공하고, 아이에게 천천히 말을 함으로써, 아이가 자신의 생각을 충분히 정리하고 천천히 말할 수 있는 시간을 줄 수 있다. 또한 아이들의 질문에는 몇 초간의 여유를 두고 대답을 함으로써 대화 중 쉴 수 있는 시간을 주게 된다.

하지만 부모나 가족, 친지들이 아이들의 말을 방해하는 경우도 있다. 아이들이 하고자 하는 말을 마무리 짓는다든지(문장의 앞부분을 얘기하고, 더듬거릴 때 참지 못하고 뒷문장을 말해 버리는 행동), 말을 하고 있을 때 다른 말로 가로챈다든지, 빨리 말하도록 재촉이나 독려를 하거나, 아이에게 빠르게 말을 하거나 그리고 집안에서의 생활을 매우 빠르게 하는 상황들이다. 이러한 행동을 하는 부모나 가족 친지들이 개인적으로 나쁜 일을 한 것은 아니지만 아이들의 말을 방해하는 행위들이다.

이미 언어에 문제가 발생한 아이들에게는 매우 부정적인 영향을 준다. 부모가 말을 느리게 한다든지 아이들에게의 요구사항이나 다른 복잡한 상황들을 개선한다면 아이들에게는 말더듬을 중단하는데 큰 도움이 될 수 있다.

Q17 아이들의 입학이 원인일 수 있나?

A 입학이나 개학은 아이들이 많은 일에 흥분할 수 있는 시기이지만 새로운 도전들이 기다리는 시점이기도 하다. 새로운 친구들을 만나서 사귀어야 하고, 낯선 환경에서 새로운 어른들에게서 배우기도 해야 한다. 아이들에게는 새로운 방법들을 이용하여 친구를 만들어봐야 하고, 새로운 규칙들도 익히고 따라야 하는 시간이다.

이러한 일들 자체는 지금까지 발달시켜 온 언어능력이나 기술에 방해가 되지는 않는다. 하지만 소금이 상처에 뿌려지는 것처럼 일들에 대한 흥분이나 막연함, 스트레스 등이 복합적으로 작용하여 언어발달을 방해할 수 있다. 따라서 부모는 아이의 미래가 친구들이나 선생님 등 학교의 새로운 환경에 의해 좌우될 수 있는 만큼 새로운 환경이 무거운 짐이 되지 않도록 잘 살피고 도와줘야 한다.

Q18 지나친 흥분이 말더듬의 원인일 수 있나?

A 옛말에 지나치게 좋은 것은 좋은 것이 아니라는 말이 있다. 흥분은 우리도 여러 번 경험했겠지만 매우 자극적이다. 특히 아이들에게 자극적인 흥분은 부담이

된다. 아이들이 흥분하면 집 안팎을 지칠 때까지 쉴 새 없이 뛰어다닌다. 아마 어른들도 이렇게 뛰고 나면 제대로 정상적으로 말을 하기 어려울 것이다.

흥분이 말더듬을 유발하지는 않지만 말을 부드럽게 지속시키는데 방해는 된다. 특히 아이가 피곤할 때 말을 빨리한다면 더욱 더 그럴 것이다. 아이가 무기력하게 구석에 앉아서 지내는 것도 원하지 않겠지만 총알처럼 뛰어다니는 것도 힘들어 할 것이다. 부모의 역할은 흥분 정도를 조절할 수 있게 도와주고 부드러운 음성으로 이야기 할 수 있게 지도하는 것이 중요하다. 아이가 느긋할 수 있고 빨리 말해야 하는 이유가 없는 상황을 만들어준다면 아이들의 말하기는 큰 도움이 된다.

Q19 긴장이 말을 더듬는 원인으로 작용하나?

A 아이들이 평소보다 긴장한다고 해서 말을 더듬는다는 증거는 없다. 긴장 자체가 말더듬의 원인이 된다는 증거도 없다. 말을 더듬지 않는 사람들이 긴장한다고 해서 더듬는 예는 드물기 때문이다. 예를 들어 입사면접에는 모두가 긴장을 하고 있지만 말을 더듬는 행동을 보이는 사람은 거의 없다. 하지만 긴장이 상황을 악화시킬 수 있다. 만약 말을 또렷하게 빠르게 어른스럽게 해야

하는 자리라면 스트레스로 인해 더듬을 수 있다. 마치 아나운서들이 말에 대한 스트레스로 더듬거나 잘못 말하는 예와 유사하다. 흥분과 마찬가지로 아이들의 생활에서도 긴장이 요구되는 상황들이 있다. 언어에 관심이 있는 부모는 아이들이 긴장상황을 무난하게 성공적으로 보낼 수 있게 도와줘야 한다. 특히 부모로서 아이의 과거 일에 집착하지 않고 현재와 미래에 무엇을 할 것인가 생각한다면 아이들에게는 큰 도움이 된다.

Q20 만약 내 아이가 다른 아이의 말더듬을 따라하면 나중에 말을 더듬게 되는 것인가?

A 그럴 수 있다. 더듬는 말을 흉내내고 부모나 주위 사람들의 꾸지람을 듣게 되면 말을 더듬지 않더라도 다음엔 더듬지 않아야 한다는 강박감에 고착될 가능성이 있다. 하지만 같이 어울리거나 생활한다고 해서 말더듬이 전염되는 이유는 전혀 없다. 언어치료사들은 매일 수백 명 사람들의 말더듬을 교정하는 과정에서도 말더듬이 발생하였다는 보고는 없다. 그리고 아이가 대화를 나눈 상대 누구도 말을 더듬지 않는데도 불구하고 말을 더듬게 되는 현상도 흔하다.

Q21 오랫동안 정상적으로 말을 하고 언어발달이 끝난 아이들이 왜 갑자기 말을 더듬기 시작하는가?

A 어떤 아이들은 말을 하기 시작하면서부터 더듬는가 하면 다른 아이들은 상당한 기간 동안 정상적으로 말을 하다 더듬기 시작한다. 보통 만 2세부터 자신의 생각을 문장으로 이야기하기 시작하는데, 정상적인 언어활동 후 더듬는 이유는 명확히 밝혀지지 않고 있다.

다만 신체적 언어능력과 문장을 만드는 정신적 언어능력이 서로 다른 속도로 발달하는 과정에서의 부조화로 설명하기도 한다. 이 부조화는 두뇌가 빠른 경우 아이들이 말을 천천히 유지하기 어렵게 만든다.

Q22 아이들이 일부러 말을 더듬는가?

A 이런 경우는 단지 아이가 다른 아이를 놀리거나 조롱하는 수단으로 다른 사람의 말더듬 흉내를 내는 수는 있다. 하지만 말더듬 그 자체는 그리 재미가 없기 때문에 지속적으로 일부러 더듬는 일은 없다.

하지만 심리학에서는 두 가지 예외를 제시한다. 첫째, 아이가 부모의 관심을 끌고자 할 때(단 부모의 관심이 무관심보다 낫다고 생각하는 가정 하에서). 둘째, 아이가 어떤 이유로 아이 앞에서 연기를 할 때뿐이다.

어른들도 일부러 더듬는 일은 거의 없다고 판단된다. 대신에 말더듬 교정방법의 하나로서 말을 더듬는 사람에게 일부러 더 말을 더듬게 하면서 스스로 자신이 더듬는 과정을 인식하게 하여, 말더듬을 효과적으로 교정하는 방법으로 사용되기도 한다.

Q23 어떤 정신적 충격으로 말을 더듬기 시작할 수도 있나?

A 말을 더듬는 대부분의 아이들은 서서히 더듬기 시작하거나 교정도 천천히 진행된다. 따라서 어떤 정신적 충격으로 갑자기 말을 더듬는 일은 드물다. 종종 아이들이 말을 더듬기 시작한 시점 이전에 어떤 큰 손상이나 충격적인 경험, 심각한 놀람 등이 있었을 수도 있다. 하지만 이러한 충격과 말더듬간의 상관성은 멀다. 왜냐하면 이러한 충격으로 인해 말더듬을 시작한 아이들은 매우 드물기 때문이다.

Q24 이사 때문에 말을 더듬을 수도 있나?

A 아무리 멀리 이사를 가더라도 마음은 몸 안에 있다. 사실 여행할 때 가장 무거운 짐은 다른 곳에 있는 것

이 아니라 바로 자신이다. 아무리 다른 곳으로 이사를 한다고 하더라도 전에 가지고 있었던 대부분의 문제들은 따라 다닌다. 아이들에게도 마찬가지이다.

매년 수많은 사람들이 이사를 다닌다. 하지만 이사 후에 말을 더듬기 시작하는 예를 본 적이 없다. 만약 말더듬이 그렇게 강력하다면 우리가 쉽게 알 수 있었을 것이다. 하지만 우리가 생각해야 하는 것은 원인과 악화요인은 별개라는 것이다. 예를 들어 평소에 천천히 말을 잘하던 아이가 이사로 인해 새로운 친구나 환경을 접하게 되고 이사짐으로 인해 피곤한 상태에서 말을 할 때 더듬을 수 있는 빈도는 높다고 할 수 있다. 하지만 이사 자체와 말더듬은 별개이다. 이사 이외의 다른 상황도 이사와 비슷한 상황을 만들 수 있다.

Q25 말을 더듬게 하는 것은 무엇인가?

A 먼저 모든 사람은 다르다는 것을 이해하면 도움이 된다. 사람들은 어떤 일은 잘하지만 다른 일은 그렇게 잘하지 못한다. 어떤 아이는 아주 빨리 달리기를 하지만 다른 아이는 그렇지 빠르지 않다. 어떤 아이는 덧셈을 또는 그림을 잘 그리지만 다른 아이는 그렇지 못하다.

그림을 예로 들어보자. 잘 그리려면 아이의 팔, 손, 손가락 근육을 함께 사용하기가 편해야 한다. 그림 그리기가 힘들다면 아이에게는 이 모든 근육을 함께 사용하는 것이 어렵다는 것이다. 이것은 아이의 약점이다. 이는 그렇게 큰 문제가 아니고 아이가 좀 더 좋은 그림을 그리려면 더 많은 노력을 해야 한다는 것이며, 빨리 그리려고 한다면 그림은 잘 그려지지 않을 가능성이 크다. 만일 잘하지 못하는 무언가를 빨리 하려 한다며 아이는 긴장하게 된다. 그리고 긴장을 하면 할수록 일은 악화된다.

특히 아이가 실수를 할까 두려워할 때 아이는 실수를 더 많이 한다. 그림을 잘 그리는 사람들은 이런 문제가 없다. 말하기도 마찬가지다. 어떤 사람에겐 쉽고 어떤 문제가 아니다. 그러나 말더듬는 사람은 언어 영역에서 약점이 있다. 입술과 혀, 목과 호흡이 동시에 빠르고 부드럽게 함께 움직이는 것이 어렵다. 천천히 말하거나 편하게 느끼면 아무 문제가 없다. 아이는 아주 문제가 없을 수도 있다. 혼자서 큰 소리로 말하고, 노래를 부르고, 강아지나 고양이와 이야기할 때 아이는 평온하고 자신감이 넘치고 이때는 말을 거의 더듬지 않는다.

그러나 아이가 바쁘고 빨리 말하고 싶거나 긴장하게 되면 말하기가 더 어렵고 말을 더듬을 수 있다. 만일 아이가 말더듬는 게 나쁘다고 두려워하고 말을 더듬지 않으려 노력한다면 말하기는 더 어려워질 수도 있다. 그렇게 되면 아이는 눈을 감거나 꼭 누르고 아이가 하고 싶은 말을 하려고 하면 이상한 표정이 생긴다.

그리고 말을 더듬을까 봐 아주 두려워하는 아이는 말하기를 아예 피한다. 그들은 전화를 받지 않고, 문장을 마치거나 좀 더 편하게 나오는 단어를 찾으려 할지 모른다. 이렇게 하는 것은 전혀 재미있는 일이 아니다. 따라서 그냥 말을 더듬게 두고 이를 멈추거나 숨기려 하지 마라. 아이는 긴장을 덜 하고, 더 편해질수록 말하기는 더욱 쉬워진다.

Q26 부부싸움이 아이의 말더듬에게 끼치는 영향은 무엇인가?

A 화목한 가정의 부부라도 싸울 수 있다. 하지만 부부싸움이 아이가 사랑을 잃게 된다든지 반드시 이혼으로 가는 것은 아니라는 사실을 알게 해야 한다. 그러나 지나친 싸움이 일어나고 아이가 중재 역할을 힘겨워하는 상황에서 말더듬이 발생하면 전문가를 찾아야 한다.

Q27 부모의 이혼이 아이의 말더듬에 영향을 끼칠 수 있나?

A 그럴 수 있다. 그리고 상황에 따라 영향력이 다를

수도 있다. 그러나 부모의 별거나 이혼이 적지 않은 사회에서 이러한 조건이 말더듬을 유발한다고 보기는 어렵다. 말더듬을 악화시킬 가능성은 있다.

Q28 정서적 심리적 문제 때문에 말더듬이 생기나?

A 말더듬는 아동과 성인은 말을 더듬지 않는 사람에 비해 더 많은 심리·정서적 문제가 있지 않다. 정서적 외상이 말더듬의 원인이 된다고 믿을 이유는 없다.

Q29 간지럼을 태우는 것과 말더듬이 생기는 것 사이의 연관이 있나?

A 아니다. 간지럼은 아이를 흥분하게 할 수 있지만 말더듬의 원인이 되지는 않는다.[28]

---

28) 이 자료는 L. Scott Trautman, C. Guitar, K. Chmela, & W. Murphy 의 저서 〈말더듬: 교사를 위한 직설 화법〉이라는 책에서 발췌함.

3장

교정 및 치료

Q30 내 아이가 이제 말을 더듬기 시작했다면 치료를 받아야 하나 아니면 주시하며 기다려야 하나?

A 부모나 가족의 주의가 필요하다. 그리고 도움은 빠를수록 효과가 있다. 하지만 지나친 근심이나 호들갑은 아이에게 좋지 않은 부정적 기억을 남기게 된다. 만일 말더듬이 3~6개월을 넘기거나 특히 심하다면 주위의 말더듬 전문가인 말−언어치료사의 도움을 받아야 한다.

Q31 말더듬은 치료되는가?

A 그렇다. 아동과 성인 모두를 치료하는 다양한 성공

적 개입이 있다. 일반적으로 '빠를수록 좋다'가 조언이다.

Q32 말더듬에 대한 새로운 치료에 관한 책을 읽었다. 새롭게 효과있는 방법이 있을까?

A 말더듬을 위한 즉각적이고 기적적인 치료는 아직 없다. 전자치료장치 그리고 약물조차도 하룻밤의 과정은 아니다. 지금까지는 말더듬 전문가나 의료진들이 가장 큰 도움을 주고 있다. 이들의 활동은 아동들뿐만 아니라 십대들, 청년과 장년까지도 심한 말더듬에서 매우 유창한 상태로 치료하는 발전을 가져왔다.[29]

Q33 정상적인 말이란 무엇인가?

A 정상적인 말이란 우리나 아이들이 그렇게 해주기를 원하는 것이고 또는 아나운서나 웅변가들이 막힘없이 유창하게 말을 잘하는 것으로 생각할 수 있다. 하지만 세상의 대부분 사람들은 이들과 같이 말을 하지 않는다. 어떤 사람들은 말을 시작하거나 중간에 음~ 에~ 같은 군소리를 넣어서 시작하거나 혹은 음성이 너무 작거

---

[29] 이 말더듬 사실과 정보는 미국 말더듬 재단 'The Stuttering Foundation of America' 이 제공한 것이다.

나 수줍음 때문에 알아듣기도 힘들 정도로 말하는 사람이 있는가 하면 너무 커서 시끄러운 사람도 있다.

정상적인 말의 경계는 개인의 주관적인 관점이고 판단은 개인의 몫이다. 하지만 생각해야 할 일은 정상적인 말의 경계는 존재하지 않는다는 학자들의 주장이다. 우리의 생김새가 다르듯 말의 형태 또한 다양하기 때문이다. 물론 키가 크거나 몸매가 날씬한 사람을 좋아하는 사람들도 있지만 너무 크거나 너무 마른 사람들은 주관에 따라 비정상적으로 생각할 수도 있다.

여기서 하고자 하는 말은 아이들이 비정상적으로 말을 한다고 느껴질 때 전문가를 찾아가서 상담을 받아야 하는 일은 당연하지만 지나치게 엄격하게 유창한 말을 기대하는 경계를 가져서는 안 된다는 의미이다.

경계가 엄격할수록 아이들은 심리적 부담이나 강박감 때문에 상황이 악화되는 일이 많기 때문이다. 나중에 다시 설명하겠지만 긴박한 상황에서는 누구든지 말을 제대로 못하거나 더듬을 수 있는데, 아이들이 한 번 더 듬었다고 해서 "너 말을 더듬는구나"라는 엄격한 경계선을 긋는 일은 그 아이를 오랫동안 말더듬이로 만드는 행위일 수 있기 때문이다.

Q34 아이들의 다른 재능은 어떻게 찾을 수 있나?

A 각각의 아이들은 비록 한 가족이라 할지라도 서로
다른 장점과 단점을 가지고 있다. 따라서 부모는 아이의
독특한 능력을 찾아내야 하는데 그 보다 중요한 일은 아
이들의 능력이 어떤 아주 하찮은 요인에 의해 방해를 받
고 있지 않은가를 먼저 세심히 살펴야 한다. 혹시 집안
의 사소한 행위가 아이들의 말문을 막고 있지는 않은지
주의 깊게 볼 필요가 있다.

Q35 우리 아이가 말더듬이면 무엇을 해야 하나?

A 가족 중 누군가 말을 더듬을 때 가장 중요한 것은
당신 스스로가 다음 사항을 지키며 좋은 조언자가 되는
것이다.
- 눈을 맞추고 자녀가 말을 끝낼 수 있는 충분한 시
  간을 주어라.
- 단어나 문장을 채우려고 시도하지 말라.
- 당신이 그가 어떻게 말하는 가가 아니라 무엇을 말
  하는가를 경청하고 있음을 태도나 행동으로 자녀
  가 알게 하라.
- 때를 기다리는 모델이 되라—아이의 질문에 답하기

전에 2초를 써라─ 그리고 말하기에 대한 긴장을 줄일 수 있게 본인이 말하면서 더 자주 쉬어 주어라.

• "천천히 해라" "심호흡을 해라" "긴장하지 마라" 또는 "말하려고 하는 것을 생각한 다음에 말해라"와 같은 말을 하지 말라. 우리는 말이 잘못 나왔다고 느낄 때 종종 천천히, 긴장을 풀고, 말하려는 것을 생각하는 것이 도움이 되었기 때문에 아이에게 이렇게 말한다. 그러나 말더듬은 다른 유형의 언어 문제이고 이런 조언은 말더듬이에게는 도움이 되지 않는다.

Q36 우리 아이에게 말더듬 치료기법을 사용해야만 하나?

A 자녀나 언어치료사가 특별히 당신에게 기억하게 하라고 요구하지 않는다면 그렇게 하지 않는 편이 낫다. 치료에서 말을 더듬는 아동은 말더듬을 관리하기 위해 종종 언어 도구로 불리는 여러 가지 다른 기술을 배운다. 그러나 이런 언어도구를 다른 상황(예: 교실, 가정, 친구와 치료실)에서 사용하는 법을 배우는 것은 상당한 시간과 인내가 필요하다. 말더듬는 많은 아동과 십대는 모든 상황에서 자신의 말을 점검하는 성숙도와 기술이 없다. 따라서 자녀가 항상 다른 환경에서 도구들을 활용

하기를 기대하는 것은 비현실적이다.

Q37 우리 아이가 말하기 힘든 하루를 보낸다면 무엇을 해야 하나?

A 아이가 말하기 더 힘들어 하는 날에 부모는 무엇을 해주었으면 좋을지에 대해 알아보는 것이 항상 최선이다. 말을 더듬는 아동과 십대들은 특히 말하기가 어려울 때 가족, 교사와 친구들이 어떻게 반응해 주기를 바라는지는 매우 다양하다. 어떤 아이는 즉흥적으로 그를 호명하거나 그에게 큰소리로 책을 읽도록 요구하는 식으로 교사가 다른 날과 같이 대해 주기를 원한다. 반면에 다른 아이는 그가 손을 들었을 때만 호명하거나 돌아가면서 책을 읽는 동안에 빠질 수 있도록 하는 식으로 교사가 아동의 말로 표현하는 것에 대한 기대를 일시적으로 줄여주기를 바란다.

Q38 우리 아이가 다른 사람을 방해한다면 무엇을 해야 하나?

A 자녀가 말더듬이가 아닐 때 하는 같은 방식으로 방해를 처리하라. 말을 더듬는 아동은 다른 사람들이 말하는 동안에 말을 하는 것이 쉽기 때문에 종종 다른 사

람을 방해한다. 우리는 그렇게 다른 사람들과 같이 이야기하는 것이 더 쉬운 이유는 확실하지 않지만, 말더듬이 가장 발생하기 쉬운 자기순서의 시작까지는 어떤 말에 대한 부담 때문이 있을 수도 있고, 이때까지 아이의 집중력도 줄어들기 때문일 수 있다. 비록 다른 사람을 방해함으로써 말을 더 쉽게 할 수 있을지라도, 자녀가 좋은 의사소통의 규칙을 배우는 것이 더 중요하다.

Q39 누가 도움을 주나?

A 아이들은 세상에서 말을 더듬는 유일한 사람처럼 느낄 수 있다. 지금까지 이 책을 읽어왔다면 그것이 사실이 아니라는 것을 알 것이다. 세상에 말더듬 문제를 도와줄 수 있는 사람들은 많다. 물론 엄마와 아빠도 도와줄 수 있으나 때로는 부모님만으로 충분하지 않다. 그러면 의사나 언어치료사에게 갈 수 있다. 많은 치료사는 말더듬에 관해 많이 알고 있고, 때때로 편하게 말하는 법을 가르쳐 줄 것이다. 그들은 우리의 말더듬에 대해 생각하고 느끼는 것을 들어줄 것이며, 우리를 확실하게 이해한다는 것이 더 중요하다.

따라서 그들은 엄마나 아빠가 말더듬을 이해하게 해줄 수 있다. 그리고 학교에서 힘든 시간을 보낸다면 그들은 선생들이 어떻게 하면 우리들을 편하게 대할 수 있는 가를 알려줄 수 있다. 어떤 언어치료사는 말더듬 치료에 있어 전문가이다(이는 말더듬이 얼마나 복잡한가 하는 아이디어를 줄 수 있다). 어쨌든 말더듬이 문제가 된다면 부모님께 언어치료사에게 데려가 달라고 말해야 한다.

Q40 말더듬으로 놀림을 당하는 경우에는 어떻게 하나?

A 부모로서 가장 고통스러운 것은 자녀가 놀림을 당한다는 것을 알게 되는 것이다. 놀림당하는 것은 말을 더듬는 아이뿐 아니라 많은 아동에게 공통적인 경험이다. 하지만 아이들은 서로를 놀리는 이유가 아주 많다. 때로는 키가 더 큰 아이도 놀림을 당하고, 때로는 작은 아이도 똑같은 일을 당한다. 아이는 큰 코나 큰 귀 때문에 놀림을 당할 수 있다. 아프거나 빨리 뛰지 못해서 놀림을 당하고 빨간 머리색이나 수학이 느리다는 이유로, 옷차림이나 자전거가 없다는 이유로 놀림을 당하기도 한다. 가끔씩 아이들끼리 서로 놀리는 것은 극히 정상이다.

그러나 아이가 아주 많이 그리고 그 무엇보다도 자전거를 가지고 싶어한다면 자전거가 없다고 놀리는 것은 정말 상처가 된다. 말더듬도 마찬가지다. 자신이 말더듬이라는 것 때문에 아주 기분이 나쁜 아이가 그것으로 놀림을 당하면 정말 상처가 된다. 아이는 놀림을 당하면 선생님께 가서 멈추게 해달라고 말하거나 엄마 아빠에게 도움을 청할 수 있다. 그리고 아이들은 아주 다른 일을 할 수 있고 놀림을 되돌려줄 수도 있다. 또한 항상 무언가를 생각해 낼 수 있다. 어떤 사람은 어린 시절 친구들이 놀릴 때 최선책을 알아냈다고 자랑한다. 놀림을 당할 때마다, 그는 웃으면서 "나보다 말을 더 잘 더듬을 수 있으면 다시 와라"라고 말했다고 한다. 그러면 아이들은 놀리기를 즉시 그쳤다.

Q41 말더듬는 것이 슬프거나 화날 때는 어떻게 하나?

A 보통사람들도 일이 잘못되면 화가 나고 슬퍼진다. 어른들의 분노나 슬픔은 대개 겉으로 드러내지 않지만 주의 깊게 관찰한다면 그들이 평상시보다 더 조용하거나 모든 일에 트집을 잡고 혼자 있으려 하는 것으로 감정을 풀려고 한다. 아이들도 무언가 하려고 하나 실패를 반복한다면 매우 기분이 나쁠 것이다. 아이들의 입장에서 부모님이나 선생님이 가끔 벌을 주는 것은 상관이 없지만, 만약 매일 벌을 받는다면 아이는 매우 당황스럽고 슬프거나 화가 나게 된다. 말더듬은 아이에게는 마치 야단을 맞는 것과 같은 느낌일 수 있다.

우는 아이처럼 행동하지 말고 용감하고 강하게 행동하라는 말을 들어왔을 것이다. 그러나 말더듬이 너무나 기분이 나쁘다면 울어도 괜찮다고 이야기해 준다. 부끄러워 할 일도 아니라고 위로해 준다. 아이가 말더듬에 대해 화를 내고 미워하는 것은 지극히 당연한 일이다.

그리고 만일 아이가 화가 나고 슬픈 만큼 소리치고 발을 구르거나 실컷 울고 나면 기분은 훨씬 나아질 것이다. 그리고 아마 아이들은 다른 사람들이 이런 감정을 몰랐으면 하고 바랄 수도 있다. 그러면 아무도 보거나 듣지 못하는 장소에서 감정을 표현하면 된다.

그러나 다른 사람들과 이런 감정을 나누는 편이 더 좋고 그렇게 하면 모든 일이 더 편해진다. 부끄러워하지 말고, 무슨 일이 생기든 자신을 비난할 필요는 전혀 없다. 말을 더듬는 게 아이들의 잘못은 아니기 때문이다.

Q42 다른 형제나 자매와 같이 대해야 하는가?

A 물론이다. 약간의 예외를 제외하고는 항상 그렇게 해야 한다. 아이들은 자신이 정상적인데 말을 조금 더듬는다는 사실을 알고 있다. 따라서 사회에서의 행동이나 사회 가치나 책임 등 다른 아이들에게 기대하는 것과 같은 내용을 가르쳐야 한다. 혹시 말을 더듬는다거나 다른 이유로

특별한 대우를 받는다면 자신을 정상으로 생각하기는 어렵게 된다. 반대로 말을 더듬는 아이들의 행동이 다른 아이들과 다른 부분을 알고 있다. 따라서 이러한 부분을 교정할 수 있도록 훈련을 시켜야 한다. 스스로 해결하게 하는 방법이 어떤 아이에게는 도움이 되지만 다른 아이는 가르쳐주는 대로 따라 하는 것이 도움이 될 수도 있다.

Q43 여기서 예외란 무엇인가?

A 아이들이 말을 할 때 시간이 좀더 걸리는 것을 알고 있다. 따라서 우리는 아이들이 스스로 말을 마칠 때까지 참고 들어주어야 한다는 뜻이다. 아이들이 자신의 생각을 표현할 수 있는 기회라는 것을 확실하게 여기게 해주는 것이 좋다. 하지만 이러한 상황에서도 아이들은 자신의 말이나 행동에 순서나 몫이 있다는 것을 배우게 한다. 말더듬이 혼자서 말을 독차지하는 수단이 되어서는 안 되기 때문이다.

Q44 아이들의 말더듬을 이해하지 못하는 사람들이 도울 수 있는 방법은?

A 우리는 말더듬이 항상 변한다는 것을 읽었다. 모

든 아이들은 자신의 방식으로 말을 더듬고 매일매일 달라지기도 한다. 따라서 말을 더듬지 않는 사람들은 그 실체를 이해하기 어렵다. 사람들은 모든 일이 같은 방식으로 있기를 예상한다. 사물이 변하면 두려워하고, 그들이 이해하지 못하는 것에 어떻게 대처해야 하는지를 알지 못한다는 것은 당연하다.

또한 아이들의 엄마와 아빠는 아이의 말더듬을 걱정할 수 있다. 그들은 자녀에게 매사에 아무 일도 없기를 바란다. 이것이 부모님과 다른 어른, 형제자매들이 왜 그렇게 종종 아이를 도와주려 하는가 하는 이유이다. 이는 말을 더듬는 아이가 안쓰럽기도 하고, 말더듬는 것이 두렵기도 하고, 걱정도 되고, 아이 만큼이나 말더듬을 중지시키고 싶기 때문이다.

이와 같이 사람들이 아이를 도와주고 싶을 때 실천하면 말더듬이 줄어드는 방법들이 있다.

- 우선 숨을 깊이 마셔라
- 서두르지 마라
- 시작하기 전에 말하려는 것을 생각해 봐라
- 말의 중간을 멈추고 천천히 해라
- 다시 반복해서 말해라
- 천천히 다시 시작해라

• 노력할수록 잘 할 수 있다

Q45 아이들이 교실에서 편하게 생각하는 구두보고의
형태는 무엇인가?

A 아이들이 싫어하고 피하려고 하는 교실에서의 구
두보고는 부모가 자녀들과 함께 조건들을 사전에 파악
함으로써 오히려 긍정적인 경험이 되게 하는 많은 방법
들도 많이 있다. 아이와 함께 다음과 같은 요소를 고려
하여 계획을 세우면 큰 도움이 된다.

• 순서: 아이가 먼저 발표하고 싶은지, 중간 혹은 마
  지막으로 발표하고 싶은지의 여부
• 실천기회: 집에서 부모, 친구와 함께하거나 언어치
  료에서 하는 것처럼 좀 더 편하게 느낄 수 있게 실
  천하는 방법을 생각한다.
• 청중크기: 개별적이거나 작은 집단 또는 전체 교실
  앞에서 구두보고를 할 것인가 여부를 선택하게 한
  다.
• 호명하기: 말을 더듬는 아이들은 갑자기 호명을 받
  으면 당황한다. 따라서 수업 중 언제든지 호명해도
  편하게 느끼는지 아니면 그가 손을 들었을 때만 호

명할지 또는 교사가 먼저 신호를 보낼지 등을 결정
한다. 교사에게는 까다로운 행동일지는 모르지만
아이에게는 매우 중요한 조건이다.
- 다른 문제들: 시간을 더 주어야 하는지, 성적기준
을 말더듬으로 인해 수정해야 하는지 등을 결정한
다. 교실에서 말하기 위한 선호도에 대해 교사와
어떻게 이야기 할지도 중요한 일이다.

Q46 말을 피하는 아이가 말하게 하려면 무엇을 어떻게 말해 줄 수 있나?

A 말더듬는 아이가 말하게 하는 최선의 방법은 아이
가 부모의 말과 행동을 통해, 하는 말이 중요하지 말하
는 방식이 중요하지는 않다는 것을 깨닫게 하는 것이다.
아이가 말하도록 격려하는 또 다른 방법들은 다음과 같
다:

- 말보다 그의 생각을 칭찬한다
- 자녀들의 말더듬은 크게 신경 쓰이지 않는다고 말
한다
- 질문을 하는 것과 같이 말할 기회를 준다
- 부모 앞에서 아무리 말을 더듬어도 괜찮다는 것을

알게 한다

Q47 우리가 아이들에게 너무 많은 것을 기대하였나?

A 종종 부모는 아이들에게 많은 것을 기대한다. 대부분의 아이들은 부모의 기대에 맞추기 어려워하지만 말이다. 마찬가지로 아이들은 자기에 대해서 자신들의 기대도 가지고 있고, 이것이 좌절될 때 말더듬이 악화될 수 있다.

Q48 보모와 같이 두어도 괜찮을까?

A 어떤 어린이들은 저녁시간에 부모와 떨어져 있기를 어려워한다. 이러한 결정은 말더듬과는 별개로 이루어져야 한다. 보모가 말을 더듬지 않는다면 우려할 문제가 없다. 아이가 집에서 해야 할 일들이나 지켜야 할 사항들을 일러두면 된다.

하지만 아이가 말을 더듬는 게 되면 보모가 어떻게 대처해야 하는가에 대해서 상세하게 지시해 두어야 한다. 부모가 돌아오면 아이가 없는 곳에서 조용히 말더듬의 형태, 첫마디를 말하지 못하고 시간을 끌었다든지, 아니면 첫음절을 반복하여 말을 하였다는 일들을 매우 상세하게 설명하게 한다. 대부분의 아이들은 자신의 일을 두고 어른들이 이야기하는 것을 부담스러워하거나 긴장하기 때문에 주의해야 한다.

특히 대수롭지 않은 말더듬에 대해 부모의 걱정을 알게 되면 말더듬이 악화되거나 고착화될 위험이 높다. 그리고 보모에게는 아이가 말을 더듬을 때 우리는 아이가 말을 다할 때까지 기다린다. 등 보모가 어떻게 해야 하는지 상황을 설명한다.

Q49 말을 더듬는 아이는 다른 아이들 보다 많이 쉬어야 하나?

A 반드시 그런 것은 아니다. 피곤이 말더듬의 원인은 아니지만 악화할 수 있는 요인이기 때문에 스트레스를 풀어주고 충분히 쉬게 한다면 말하는데 유리한 조건이 된다. 보통사람들도 피곤하면 자신의 의견을 명확히 말하는데 어려움이 있는 것과 같다.

Q50 가족들의 생활방식을 바꿀 필요가 있나?

A 가족들의 생활방식이 빠를수록 아이들의 말더듬이 증가하는 것을 알 수 있다. 따라서 생활방식을 느긋

하게 하는 것이 아이에게 도움이 된다.

$Q51$ 일정한 취침시간을 갖는 것이 도움이 되나?

A 아이들에게는 수면과 기상시간, 식사시간, 노는 시간 등을 정하는 일이 도움이 된다. 이렇게 함으로써 무엇을 해야 하는 시간을 기대하고 그 다음의 일을 예상할 수 있으므로 불확실성이 감소된다. 불확실성의 감소는 아이로 하여금 비교적 평온한 생활을 보낼 수 있게 하고 따라서 예기치 못한 일로 당황하는 일을 감소시킨다.

$Q52$ 말을 더듬는 아이에게는 더 많은 관심을 기울여야 하나?

A 아이들의 성격이나 환경에 따라 다르지만 아이들이 부모의 관심을 필요로 할 때나 부모가 관심이 필요하다고 느낄 때는 그렇게 할 필요가 있다. 아이가 말을 더듬을 때 부모가 관심을 가지고 아이의 말이 다 끝날 때까지 기다려주는 행동은 아이의 말더듬 감소에 큰 기여를 한다. 만약 형제나 자매들이 아이의 말을 기다려주지 않고 끼어든다면 아이는 말을 빨리 마치려고 할 것이고

결과적으로 말더듬을 더 악화시키는 결과를 가져온다.

Q53 흥분을 유발하는 TV프로그램을 보게 해도 되는가?

A 취학 전 어린이라면 특히 보지 않게 하는 것이 좋다. 아이들은 보고 듣는 것으로 쉽게 흥분이 고조된다. 그리고 어떤 흥분이라도 말더듬을 증가시킨다. 먼 훗날 말더듬이 많이 개선되었을 때도 흥분하면 말을 더듬는 경우가 많다.

Q54 아이들이 무엇을 먹는지 살펴야 하는가?

A 아이들이 건강하게 자라게 하기 위해서는 식단을 조절해야 한다. 담당 의사나 운동처방에 의한 식단은 건강과 함께 정신적으로 육체적으로 말더듬을 극복하는 기초체력이 된다.

Q55 아이가 주의가 산만하고 지나치게 활발하다면 어떻게 해야 하나?

A 주의가 산만하고 많이 활달한 아이가 말을 더듬는

다면 이러한 행위가 말더듬에 영향을 주지 않는지 살펴야 한다. 주의로서 행동이 개선되지 않는다면 주의력결핍장애(ADD; Attention Deficit Disorder) 전문가와 상담할 필요가 있다.

Q56 다른 아이들과 싸우는 일은 문제인가?

A 형제나 이웃들과 싸우는 일은 아이가 살아가는 방식을 배우는 과정이다. 부모들은 싫어하지만 아이들은 싸울 때 나쁜 말이나 못된 짓을 하기도 한다. 말을 더듬는 아이들도 같은 행동을 한다. 아이들의 싸움은 보통 예상되는 일이므로 부모가 지나치게 우려하거나 간섭할 필요는 없다.

Q57 가족의 구성원은 아이의 말더듬을 교정해야 하는가?

A 그럴 필요가 없다. 가족이 아주 좋은 의도나 최선의 방법으로 교정을 시도하려 해도 아이는 그러한 행위를 도움이 되거나 배려로 생각하지 않는다. 오히려 내가 말을 잘하지 못해서 문제가 되는구나 라고 생각하게 된다. 결론적으로 본인이 괜찮다고 생각하는 한 다른 사람

들이 그의 말하는 방법을 바꾸려 할 필요는 없다.

Q58 다른 형제들이 말더듬 흉내를 내는 것을 내버려 둬야 하나?

A 아니다. 흉내는 놀리는 일이고, 본인도 어쩔 수 없는 일로 놀림을 당한다면 큰 상처를 받게 된다. 다른 형제들에게 말더듬 흉내는 증상을 악화시킬 수 있음을 알려야 한다. 때때로 흉내에 의해 말더듬이 시작될 수도 있음을 경고해야 한다.

4장

말더듬에 도움이 되는 조언

다음은 말을 더듬는 아이나 가족을 위해 주위의 사람들이 도울 수 있는 방법들을 정리하였다. 주체에 따라 가족, 보모, 선생님 등으로 나누었다.

1. 말더듬는 아이에게 부모가 도와 줄 수 있는 일[30]

① 어린이가 어떻게 말하는가가 아니라 무엇을

---

30) Stuttering and Your Child: Question and Answers, Stuttering Foundation of America, Publication No. 22, 1999.

말하는가를 참을성 있게 들어주고 말더듬보다 말의 내용에 대해서 답을 해주어야 한다.

② 어린이가 자신의 생각을 다 말할 때까지 말을 끊어서는 안 된다.

③ 어린이가 말을 할 때 자연스럽게 눈을 쳐다보고 있어야 한다.

④ 어린이의 생각을 채워주거나 말을 더하지 말고, 자신의 단어로 스스로 말하게 한다.

⑤ 어린이가 말하고 난 뒤에는 천천히 서두르지 말고 아이가 사용한 단어를 섞어 대답한다. 예를 들면 "내가 토 토 토끼를 보 보 았어..."라고 얘기하면 매우 천천히 편안한 음성으로 "어 그래 토끼를 보았어?"라고 대답해 준다.

⑥ 아이에게 대답을 할 때는 몇 초 기다렸다가 천천히 말을 시작한다. 이렇게 하면 상황이 차분해지고 느긋해져서 아이가 말을 편하게 하는데 도움이 된다.

⑦ 매일 5분 이상 아이와 천천히, 편안하게, 느긋하게 말하는 시간을 보낸다.

⑧ 부모는 아이가 자신을 사랑하고 소중하게 느낌을 알 수 있도록 하고, 같이 보내는 시간을 즐거워한다는 것을 보여준다.

2. 아이들에게 도움이 되는 일들

① 집에서의 생활환경을 조용하고 차분하게 만든다.

② 아이에게 말할 때는 항상 천천히 한다.

③ 아이가 자신의 생각을 마무리할 때까지 기다린다.

④ 아이의 생각에 관여하거나 재촉하지 않는다.

⑤ 아이의 질문이나 말에는 몇 초간의 여유 후에 대답한다.

⑥ 식사시간에는 TV나 라디오를 끈다. TV나 라디오를 듣지 않고 가족 간의 대화시간을 만든다.

⑦ 당신이 운전을 하고 있거나 부업일 등 집중해야 하는 일을 하고 있을 때 아이가 말을 걸면, 아이에게 쳐다보지는 못하더라도 아이의 말을 신중하게 듣고 있다는 사실을 얘기하여 아이는 부모가 자기 말을 듣고 있음을 확신하게 한다.

3. 아이들을 위해 피해야 하는 일들

① 아이들의 말을 대신해 주는 행동

② 아이들의 생각이나 말을 재촉하는 일

③ 말에 끼어드는 행동

④ 아이에게 항상 말을 빨리, 정확하게, 어른스럽게 하라고 요구하는 일

⑤ 빈번하게 아이들의 문장이나 발음을 교정시키고, 비판하거나, 변화시키려고 하는 일

⑥ 아이에게는 천천히 말을 하게 하면서 자신은 빨리 말을 하는 행위

⑦ 마치 모든 일은 어제 끝냈어야 했다는 듯 집안일을 빠르게 하는 행동

⑧ 방문한 친구나 친지, 이웃들에게 말이나 놀이, 크게 읽기를 못하게 하는 행동

4. 보모가 도울 수 있는 일들

① 말을 더듬는 아이는 돌보고 있는 다른 아이들과 같이 대한다.

② 형제나 자매들이 허락하지 않은 물건들을 가지고가는 것을 허락하지 않는다.

③ 아이를 위해 하지 않아야 하는 일들은
- 아이의 말을 재촉하는 일
- 아이가 말하는 단어나 문장을 대신 말해주는 일
- 말을 방해하는 일
- 발음을 교정하여 주는 일
- 말을 못하게 막는 일

④ 아이가 말하는 것에 귀를 기울이고 참을성 있게 듣는다. 그리고 말이 아니라 의미에 답을 한다.

5. 아동시설에서 줄 수 있는 도움들

① 말더듬는 아이를 시설의 다른 아이들과 똑같이 대우하라

② 그 아이가 말을 더듬기 때문에 아이가 받아야 하는 처벌을 면하게 하지 말라

③ 말더듬을 정상적인 학습과정에서 실수를 하는 것을 받아들여라. 이는 아이가 다른 시설에 있는 아이들처럼 생각을 표현하게 해준다.

④ 말하다 장애가 생기면, 그에게 실수를 통해 배울 수 있는 시간을 주라
   a. 재촉하지 말고,
   b. 그를 대신해 생각이나 단어를 끝맺지 말고

⑤ 말더듬는 아이는 다른 아이처럼 같은 훈육을 받아야 한다.

⑥ 말더듬는 아이는 다른 아이들과 같이 말하기 예절을 배워야 한다. 예를 들면, 순서를 기다리기, 다른 사람들이 하는 말을 경청하기, 다른 사람의 생각이나 말을 끝내거나 방해하지 않기 등이다.

6. 자녀와 이야기하는 7가지 조언[31]

① 서두르지 말고 자주 쉬어가면서 자녀와 이야기해라. 아이가 말을 마치고 당신이 말하기 전에 잠시 기다려라. 당신이 천천히, 여유 있게 하는 말은 "천천히 말해라"든가 "다시 천천히 해라"는 조언이나 어떤 비난보다 훨씬 효과적이다.

② 자녀에게 하는 질문의 수를 줄여라. 질문을 하는 대신에 아이가 말하는 것에 의견을 주어라.

③ 아이가 말하는 방식이 아니라 메시지 내용을 듣는 것을 자녀가 알도록 얼굴표정과 다른 몸짓을 활용하라

④ 아이에게 분산되지 않고 집중할 수 있는 시간을 매일 정기적으로 마련하라.

⑤ 가족들이 말하고 듣는 순서를 배우는 것이 도움이 된다. 아이, 특히 말을 더듬는 아이는 방

31) Compiled by Barry Guitar, Ph.D., University of Vermont, and Edward G. Conture, Ph.D., Vanderbilt University

해가 없으면 말하기가 훨씬 쉽다.

⑥ 자녀와 상호작용하는 방식을 관찰하라. 당신이 아이의 말을 듣고 있고 아이는 말할 시간이 충분하다는 메시지를 주는 시간을 늘려라.

⑦ 무엇보다 당신이 자녀를 있는 대로 수용한다는 것을 전달하라. 가장 강력한 힘은 그가 말을 더듬든 말든 그를 지지하는 것이다.

7. 교사를 위한 조언[32]

① 아이에게 "천천히 해라" 또는 "편안하게 해라"라고 말하지 말라.

② 아이를 위해 단어를 완성하지 말고 대신 말하지 말라.

③ 교실의 모든 학생들이 말하고 듣는 순서를 지키도록 하라. 모든 아이들은 특히 말더듬 아동

---

32) Compiled by Lisa Scott, Ph.D., The Florida State University

은 방해가 거의 없고 듣는 사람이 관심을 보일 때 편하게 이야기한다.

④ 말을 더듬는 아이와 다른 아이의 차이를 두지 않고 같은 양과 질의 업무를 기대하라.

⑤ 서두르지 말고 자주 쉬면서 학생과 이야기 하라.

⑥ 학생이 어떻게 말하는가가 아니라 메시지 내용을 듣고 있다는 것을 알게 하라.

⑦ 교실에서 조절이 필요한 말더듬 학생과는 일대일 면접을 가져라. 학생의 요구를 존중하지만 옆에서 돕지는 말라.

⑧ 말더듬을 창피한 일로 만들지 말라. 말더듬을 다른 문제처럼 말더듬에 관해 이야기 하라.

8. 동화가 주는 교훈

옛날 머나먼 나라의 대저택에 사는 팀이라는 아이가 있었다. 그는 아주 어린 아이였을 때 부모에게서 유괴해 온 마술사와 마녀랑 함께 살았다. 더 끔찍한 일은 그들이 이 소년에게 엄마와 아빠라고 부르게 한 것이다.

그들은 불쌍한 팀에게 매우 엄격했고 완벽하기를 요구했다. 그는 가장 좋은 옷을 입고 만나는 모든 사람에게 친절하라고 강요받았다. 그는 최신 상표의 자전거가 있었지만 더러워질까 봐 타지를 못했다. 집에 온 사람들은 가장 재미있어 보이는 장난감으로 가득한 아름다운 팀의 방을 입이 닳도록 칭찬했다. 그러나 이 모두는 물론 쇼였다. 그는 깨질까 두려워서 장난감을 가지고 놀지 못했고, 물론 팀은 다른 아이들이 비싼 가구를 부수거나 옷을 어지럽힐까 두려워 아이들을 집으로 데리고 올 수 없었다.

추측대로 그는 학교에 친구가 없었고 가끔 다른 아이들의 놀림감이 되었다. 손님이 오면 그는 말을 더듬었기 때문에 입을 열지 못하게 했다. 부모님은 아들이 완전하지 않다는 것을 다른 사람들에게 알리고 싶지 않았다. 팀은 아주 불행했다고 생각된다. 그의 모든 행동은 잘못되었고 아무도 그를 좋아하지 않는다고 생각했다. 때로는 화가 나고 아주 외롭고 슬퍼서 울다가 잠이 들었다. 그는 부모님이 원하는 대로 모든 것을 하기 위해 매우 열심히 노력했지만 속으로 점점 더 불행해졌다.

그러다 하루는 대저택 문밖에 작고 구부정한 사람이 와서 팀을 기다렸다. 그는 팀에게 우리가 이미 알고 있는 것—그가 마술사와 마녀에 의해 유괴되었다는 사실을 말했다. 그는 팀에게 친부모는 그를 잃어버린 이후로 줄곧 찾아왔지만, 그들은 최근에 사랑하는 아이를 찾을 수 있을 거라는 모든 희망을 포기하고 집으로 돌아갔다고 말해 주었다. 그 다음 노인은 팀에게 스스로 긴 여행을 혼자 시작할 용기가 있다면 아들을 한 번도 잊지 못하고 사랑해 왔던 친부모를 찾게 될 거라고 이야기해 주었다.

팀은 단번에 가서 그들을 찾기로 결심했다. 그는 충분히 외롭고 불행했다. 그는 여행 가방을 끌어내서 최상의 옷을 넣고 매우 긴 여행을 떠났다. 그는 위험한 늪지를 지나고, 산을 넘고 야생 숲을 지나야 했다. 그러나 음식이나 숙소가 필요할 때마다 그는 보이지 않는 누군가가 인도하는 것처럼 원하는 것을 찾을 수 있었다. ·

어느 날 그는 아주 오래 전 기억에 남아있던 마을에 도착했다. 가슴이 갑자기 희망으로 뛰기 시작했고 처음 만난 사람에게 부모님이 사는 곳을 아는지 물었다. 그에게 대답해 준 젊은이는 말을 더듬었는데, 팀은 계속 길을 가면서 다른 사람들도 말을 더듬는 것을 들었다. 그는 곧 예전 집의 문 앞에 섰다. 부모님이 그 아들을 만나게 된 것은 얼마나 놀라운 일인가. 그들은 그날 팀을 위한 성대한 파티를 열었다. 맛있는 것도 많았고 모든 사람들은 기쁨에 가득 찼다. 그는 침대에 누었을 때 너무나 행복했다.

다음날 아침 그는 좋은 옷을 입고 모든 사람에게 지

극히 친절하게 대했다. 구석에 조용하게 앉아서 그렇게 하라고 배워왔기 때문에 그는 아무 것도 만지지 않았다. 그의 엄마와 아빠는 놀랐고 그의 행동이 불안했다. 부모님은 "너는 왜 그렇게 조심스럽게 옷을 입고, 왜 그렇게 구석에 앉아 있니? 왜 밖에 나가 놀지 않니? 왜 아무하고도 이야기하지 않니?" 하고 물었다.

그래서 팀은 그가 먼 나라의 대저택에서 어떻게 살았는지를 이야기했다. 그리고 엄마와 아빠는 "모든 것이 끝났다. 너는 자신을 즐기고 네가 좋아하는 것을 해라. 그리고 옷이 더러워져도 우리는 전혀 신경 쓰지 않는다. 너는 하고 싶은 것을 말하고 아무하고나 이야기해도 된다. 그리고 이 나라에서는 모든 사람이 그들이 원하는 대로 말을 더듬기 때문에 조심스럽게 이야기할 필요가 없다"고 말해 주었다.

팀은 이 말을 듣고 너무 행복해서 위아래로 뛰어 다녔다. 그는 집밖으로 뛰어가서 놀고 전혀 다른 사람이 된 것처럼 말했다. 그리고 이번엔 팀이 진정으로 집으로 돌아왔기 때문에 그날 밤 또 다른 파티가 열렸다. 그리고 팀은 오랫동안 행복하게 살았다고 한다.

9. 누구나 소중하다!

아이들은 말더듬이거나 다른 자신이 싫어하는 무엇인가 때문에 아이가 하는 모든 일은 틀렸다고 생각하고 잘못 태어났다고 생각할 수 있으며, 사람들이 자신을 좋아하지 않는다고 생각하기도 한다. 아이들만 이렇게 느끼는 것이 아니라 어른도 그렇게 느낀다. 그럴 때 사람들은 쉽게 무언가를 잊는다. 우리가 살아있고 우리 자신이라는 것이 얼마나 중요한가를 잊고 있다. 세상에 같은 사람은 아무도 없고 우리 모두는 유일하고 특별하다. 사람마다 잘하는 것이 많고, 그들을 사랑하고 좋아하며, 걱정해 주는 사람이 많다는 사실을 잊고 있다.

사람들이 가끔 서로에게 관심을 보여주는 것을 수줍어 한다는 것은 유감이다. 만일 아이가 아무에게도 관심이 없고 속으로 공허하다고 느낀다면 아이가 할 수 있는 일이 있음을 기억하게 하라. 그러면 아이는 소중하다는 것을 기억해 내고 그렇게 한다면 스스로 강해지는 것을 느낄 것이다. 아이 혼자서 하기가 어렵다면 엄마, 아빠 또는 아이가 믿을 수 있는 사람에게 기억할 수 있게 도와달라고 부탁하게 하라.

아이와 함께 다음의 내용을 작성하고 함께 읽어 보는 것도 도움이 된다.

● 하고 싶은 일을 생각하고 적어 보아라.

1. _____
2. _____
3. _____
4. _____
5. _____

● 네가 잘하는 것을 생각해 보고 적어 보아라.

1. _____
2. _____
3. _____
4. _____
5. _____

● 너를 무엇 때문에 좋아하는지 적어 보아라.

1. _____
2. _____
3. _____
4. _____
5. _____

적은 것을 여러 번 다시 읽어 보라. 적을 것이 더 많
이 생각날 수 있다. 아이에게 "네가 소중하다는 것을 기

억하고 너는 너이기 때문에 사람들이 좋아한다는 것을
기억하라. 그리고 너는 소중하다는 것을 잊지 말아라"
라고 말해 주어라.

10. 자녀의 말더듬에 관하여 우리가 생각해야 하는 일들

아이와 말더듬에 관해 이야기할 때 아이의 일상생활
에서 자주 하는 경험에서 비유를 가져오는 것이 도움이
된다. 이런 방식이 아이가 말더듬을 이상하고 두려운 것
으로 보지 않고 이해하고 해결할 수 있는 것으로 받아들
이게 한다. 또는 이는 아이와 부모가 각자 이야기하는
것을 이해하게 해주는 공동기반을 제공한다. 이런 공동
의 이해는 아이에게 언어문제에 대처하는 과정을 긍정
적으로 경험하게 한다.

■ 일상의 경험을 통한 비유

아이들은 매일 새로운 일을 배우는 중이다. 우리는 가
끔씩 잊어버리긴 하지만 실수하는 것은 학습의 핵심적인
부분임을 안다. 아이는 옷을 혼자서 입고, 숟가락질을 하
고, 가나다를 배우고, 숫자를 배울 때도 실수했던 경험이
있었음을 이해하게 하는 것이 효과적이다. 누구나 실수
는 할 수 있고 실수는 학습의 정상적인 과정이다.

말하기를 배우는 것은 어린 아이에게 큰일이며, 말더듬은 "실수하기"로 받아들이게 하는 것이 중요하다. 그는 소리와 단어를 반복하는 중이므로 그렇게 하는 것은 괜찮다. 모든 사람이 말하기를 배울 때 실수를 하는데, 어떤 사람은 다른 사람에 비해 실수를 더 많이 할 수 있다.

이는 숫자를 배우고 읽고 공을 잡고 등등(아이가 흥미를 가지는 것으로 예로 들면 효과적이다)에서 어떤 아이는 다른 아이보다 실수를 더 많이 한다. 당신의 자녀는 아마도 다른 아이들보다 말할 때 더 실수를 하지만 다른 것을 배울 때 다른 아이가 하는 실수보다는 적게 실수할 수도 있다. 이 점을 강조하는 것이 도움이 된다. 그의 말은 확실히 괜찮아질 것이다. 한편으로 아이에게 실수를 해도 괜찮고 당신에게는 아이가 말을 하고 재미있는 말을 한다는 것이 더 중요하다는 것을 확신하게 해주는 것이 좋다.

이렇게 하면 당신은 아이가 생각하는 것, 느끼는 방식, 좋아하는 것과 싫어하는 것을 알기가 더 쉽다. 아이가 말하는 방법을 배우면서 실수를 하든 말든 말하는 것이 중요하다는 것을 인식하게 하라.

자녀가 소리를 반복할 뿐 아니라 긴장하고 괴로워한다면, 다른 예들을 들어가면서 위와 같은 방식으로 설명

해 주면 도움이 된다. ·

공을 받는 연습을 하는 아이를 예로 들어보자. 그는 공을 가끔 떨어뜨렸는데 이것이 싫어서 그는 긴장이 되고 공을 받기 전에 공을 "덮치려" 한다. 그러자 공은 더 자주 떨어졌고 그 애는 공을 떨어뜨리지 않으려 노력하게 되었다. 이런 점에서 그 아이는 "실수하기와 싸우는 것"이다.

아이가 말할 때 실수를 하지 않아야 한다고 믿게 되면 같은 일이 생긴다. 실수하지 않으려는 노력으로 그는 신체적으로 긴장하고 투쟁한다. 이것은 말하기를 더 힘들게 만든다. 아이는 "계속 말하면서 편하게 말을 더듬는 것"이 도움이 된다는 것을 알게 되면 효과적이다. 이렇게 하면 아이는 말하고 싶은 것을 말하기가 쉬워진다.

▪ 말더듬에 관해 형제자매들은 어떻게 도움을 줄 수 있나?

당신은 자녀에게 설명했던 것과 같은 방식으로 형제자매에게 말더듬을 설명해 줄 수 있다. 아이가 있는 곳에서 설명해도 좋다. 실수를 하거나 실수하지 않으려고 싸우는 것은—우리 모두가 예를 들 수 있듯이—형제들에게 비밀로 할 필요가 없다. 실수하는 경험들을 제시하는 방식으로 설명하면 그들도 말더듬을 이해하기가 쉽고 도움이 된다. 만일 그들이 한 행동을 배우는 어려운 과정에 있을 때, 다른 사람들은 그들에게 실수를 거쳐 배울 수 있는 시간을 주고, 조용히, 그들을 방해하거나 그들을 대신해서 해주지 않기를 원했을 수 있다. 말을 더 듬는 아이들도 마찬가지다(그의 말에 방해하는 반응들).

형제간에 도울 수 있는 방식으로 가족규칙을 정하라. 규칙을 정하는 것은 말더듬이 자녀 뿐 아니라 그의 형제 자매에게도 해당된다.

① 우리 가족은 이야기할 때 서로를 방해하지 않는다.

② 우리 가족은 말하는 순서를 지킨다.

③ 우리 가족은 서로를 대신해서 말하지 않고 각자 자신의 말을 한다.

▪ **놀림을 어떻게 다룰 것인가?**

말하기 규칙에 덧붙여, 나는 놀림에 대한 입장을 정할 것을 제안한다. 만일 아이의 말더듬 문제에 관해 논

의한다면, 놀림을 최소화해야만 한다. 그러나 형제끼리 놀린다면 그들이 열심히 수학시험을 보았는데 실수를 했다면 기분이 나쁠 것이라는 점을 지적하기는 쉽다. 그런 때 놀리는 것은 나쁜 일이고 다른 사람을 놀리는 것 역시 똑같이 나쁘다. 가족이 하는 행동이나 방식에 대해 '놀리지 않기' 규칙을 정하는 게 좋다. 놀리는 것은 사람을 슬프게 하고 배우는데 도움이 되지 않는다. 가족은 서로를 도와주어야 한다. 자녀의 친구가 부모님께 "왜 애가 말을 더듬는지, 어떻게 그렇게 되었는지?"를 질문할 수 있는데, 친구들이 놀리는 경우도 형제들에게 했던 방식으로 당신이 공개적으로 사실을 이야기하고 실수에 대해 도와주도록 하는 것이 필요하다.

보모나 보육시설에서 일하는 분들에게 아이가 말을 배우는 단계에서는 말을 더듬는다는 것을 설명하고 아이에게 말을 걸고 아이가 말하도록 해줄 것을 부탁할 수 있다. 만일 그들이 말더듬을 실수하는 것으로 받아들인다면 말더듬 아이들은 다른 아이처럼 자신의 생각을 표현하기가 더 쉽다.

당신은 아이에게 언어장애가 발생하면 듣는 사람이 재촉하거나 단어나 생각을 대신 말해 주지 않고 아이에게 시간을 주어야 한다는 것을 알려주어야 한다. 동시에 그는 다른 아이와 같은 훈육을 받아야 한다. 말더듬는 아이도 다른 아이와 같은 방식으로 말하는 순서를 기다리고 다른 사람보다 더 많이 방해하거나 대신 말하고 끝내지 않도록 해야 한다.

부록

말더듬증을 초래하는 유전자 돌연변이 발견

_ 2010.02.16

전 세계인의 1%인 약 6,000만 명이 말더듬증(stuttering)을 앓고 있다. 말더듬증이란 언어장애(speech disorder)의 일종으로서 말이 유창하지 못한 증상을 말하는데, 구체적으로 단어의 일부 또는 전부가 반복되거나, 음(音)이 연장되거나, 언어의 흐름이 끊기는 등의 형태로 나타난다. 말더듬증의 발생 시기는 3세 전후로, 대부분의 환자들은 7세 이하에서 증세가 나타난다. 말더듬증으로 고통을 겪는 어린이들은 성장하면서 증상이 사라지지만, 일부 어린이들의 경우 성인이 되어서도 말더듬증이 계속된다.

현재 말더듬증의 원인에 대한 정설은 없다. 말초기관 장애설, 중추기관 장애설 및 심리적 장애설 등이 대립하고 있는데, 의사들은 이 중에서 심리적 원인에 큰 비중을 두고 환자를 치료하고 있다. 즉 의사들은 욕구불만, 참을성 부족, 언어적 환경의 부자유, 언어적 기능에 맞지 않는 과대욕구 등을 말더듬증의 원인으로 보고 있다.

이에 따라 말더듬증의 치료방법으로는 초기나 유아·아동의 경우 가정이나 학교에서 정서적·언어적 환경을 바꾸어주는 간접적인 방법이 사용된다. 또한 자유로운 유희로 내부갈등을 표출시켜 감정상의 안정을 도모하는 '유희요법(遊戲療法)'을 사용하거나, 치료가 곤란한 경우에는 탈감작요법(脫感作療法)이라 하여 안정된 쉬운 화법(話法)을 토대로 하여 점차 난이도를 강화해 나가는 '언어요법'을 사용한다. 중증(重症)이나 성인의 경우에는 호흡·발성·발어(發語)의 연습을 통하여 이야기하는 방법을 익혀 자신감을 갖게 하고, 증세를 조절하면서 공포감을 제거하는 방법을 사용하고 있다. _두산백과사전

그러나 최근 쌍둥이나 입양아 등을 대상으로 한 연구에서 말더듬증이 유전될 수 있다는 가능성이 제시되면서, 의학자들은 말더듬증을 유발하는 유전자를 찾아내는 데 심혈을 기울여 왔다. 이와 관련하여 미 국립 의사소통장애연구소의 연구진은 New England Journal of Medicine 2010년 2월 10일호에 실린 연구에서 "말더듬증 환자를 대상으로 유전자 분석을 실시한 결과, 12번 염색체에 존재하는 특정 유전자의 돌연변이가 말더듬증

과 연관된 것을 발견했다."고 보고하였다.

　연구진에 의하면, 12번 염색체의 긴 팔(long arm)에 존재하는 3개의 유전자에서 말더듬증과 관련된 10개의 돌연변이가 발견되었다고 한다. "말더듬증은 지금까지 하나의 질환으로 인정받지 못해 왔다. 우리의 연구는 말더듬증이 엄연한 생물학적 문제라는 것을 각인시키는 계기가 될 것이다."라고 이번 연구를 주도한 데니스 드레이너(Dennis Drayna) 박사는 말했다.

　이번 연구는 드레이너 박사가 2005년 American Journal of Human Genetics 발표한 논문에 기반을 두고 있다. 그는 이 논문에서 말더듬증에 관여하는 유전자가 12번 염색체에 존재한다는 근거를 제시한 바 있다(Am. J. Hum. Genet. 76, 647-651). 드레이너 박사는 New England Journal of Medicine에 발표된 이번 연구에서는 한걸음 더 나아가, 400명의 말더듬증 환자들을 대상으로 유전자분석을 실시하여 12번 염색체의 긴 팔에 존재하는 3개 유전자에서 말더듬증을 유발하는 10개의 돌연변이를 찾아내는 개가를 올렸다.

　그러나 연구진이 모든 말더듬증 환자에게서 공통적인 유전자 돌연변이를 찾아낸 것은 아니며, 연구진의 추산에 의하면 이번에 밝혀진 돌연변이의 설명력은 약 9%에 불과하다. 그럼에도 불구하고, 이번 연구는 말더듬증의 발병에 기여하는 유전학적 원인을 처음으로 찾아냈다는 데서 큰 의의를 갖는다고 할 수 있다. 많은 전문가들은 이번 연구가 말더듬증을 유전학적으로 이해하는데 있어서 큰 걸음을 내디딘 것으로 평가하고 있다. "말더듬증을 유발하는 특정 유전자 시퀀스에 대한 이해가 증가할수록 오랫동안 베일에 가려져 왔던 말더듬증의 미스터리를 더욱 확실히 해결할 수 있다."고 메릴랜드 대학의 언어전문가인 낸 래트너(Nan Ratner) 박사는 논평했다.

연구진이 이번에 확인한 돌연변이는 GNPT(GlcNAc-phospho-transferase)라는 효소를 코딩하는 3개의 유전자(GNPTAB, GNPTG, NAGPA)에서 발견되었다. GNPT는 다양한 가수분해 효소들을 리소솜으로 이동시키는 역할을 하는데, 이 효소에 돌연변이기 발생하면, 세포의 폐기물이 리소솜 안에서 분해되지 않고 축적되어 문제가 발생하게 된다고 한다.

선행연구에서는 리소솜 대사시스템(lysosomal metabolic system)에 이러한 장애가 발생할 경우 점액지질증(muco-lipidosis)이라는 희귀 리소솜 축적장애질환(lysosomal storage disorders)이 발병하여 뼈와 연결조직에 문제가 생기고 신경학적 증상이 발생할 수 있다고 보고된 바 있다. 하지만 연구진은 리소솜의 대사과정에 발생한 돌연변이가 말더듬증을 유발하는 구체적 메커니즘은 아직

파악하지 못하고 있다. 연구진은 다만, 뇌 안에서 언어 구사를 담당하는 뉴런 중에 이러한 돌연변이가 취약한 것이 있을 것이라고 추측하고 있다.

연구진의 다음 계획은 이번 연구에서 발견된 돌연변이 유전자를 보유한 마우스 모델(의사소통장애 마우스 모델)을 사용하여 동물실험을 실시하는 것이다. 그러나 동물실험을 실시하기에 앞서서, 연구진은 마우스가 희로애락의 감정을 표현하는 방법을 먼저 이해해야 하는 과제를 안고 있다. "우리는 말더듬이 마우스가 정상 마우스에 비하여 어떻게 다른 목소리를 내는지에 대한 사전 데이터를 전혀 보유하지 않고 있기 때문에, 동물실험에서 여러 가지 난항을 겪을 것으로 보인다. 그러나 유전자 조작으로 언어표현 방식을 변화시킬 수 있다는 것은 매우 흥미로운 일이다."라고 연구진은 말했다.

이번 연구는 말더듬증을 심리학에서 생의학(bio-medicine) 분야의 대상으로 전환시켰을 뿐만 아니라 효소대체요법을 통하여 말더듬증이 치료될 수 있음을 시사하며, 그 치료방법까지도 제시하였다는 평가를 받고 있다. "말더듬증은 개인의 인생을 파멸로 이끌 수 있음에도 불구하고 종종 심리적 문제로 간주되어 뚜렷한 치료방법이 없는 실정이다.

부록 2

경로표적 리소좀효소 돌연변이와
지속성 말더듬[33)]

강 창 수(Changsoo Kang)

1. 말더듬의 정의와 그 원인

말더듬 장애는 음절의 반복 또는 끊김 현상으로 인한 유창성 장애로 정의할 수 있습니다. 매우 흔한 언어장애인 말더듬은 미국에서는 약 300만 그리고 한국에서는 약 40만 명이 말더듬 장애를 가지고 있는 것으로 추정됩니다. 말더듬이 생기는 원인으로는 지능지수가 낮다든지, 성격이 지나치게 소심하다든가 또는 부모들의 지나친 엄격함 때문이라는 등등의 증명되지 않은 가설만 난무한 채, 정확한 원인은 알려진 것이 없었습니다.

---

33) N. Engl. J. Med., Volume 362:677-685. February 10, 2010|
    10.1056/NEJMoa0902630

192

2. 말더듬 유전자를 찾게 된 과정

말더듬이 유전된다는 사실은 저희 연구실(PI: Dennis Drayna, PhD) 및 시카고 대학의 Nancy Cox 그룹에서 밝혔으나 구체적인 유전자는 알려지지 않았습니다. 저희 연구실에서는 파키스탄에서 수집한 말더듬 가계도를 대상으로 연관분석(linkage analysis)을 수행하여 12번 염색체에 말더듬 유전자가 존재하는 것을 확인하였습니다. 12번 염색체의 연관 유전자좌(linkage locus) 내에는 총 87개의 유전자가 존재하는데, 그 중 45개를 염기서열분석(sequencing)하였으며, 결국 리소좀약물표적화경로(lysosomal targeting pathway)에 관여하는 유전자에 돌연변이가 생기면 말더듬이 유발되는 것으로 최종 확인하였습니다. 그 결과는 New England Journal of Medicine(IF = 50)에 발표하였습니다.

3. 연구결과에 따른 파급효과

생물학의 수많은 분야들 중 언어, 인지, 감정, 의사결정 등을 관장하는 뇌기능 연구는 수수께끼같은 미지의 영역이라고 할 수 있습니다. 이런 관점에서 말더듬은 뇌의 언어기능을 연구할 수 있는 모델 질환으로 간주할 수

있으며, 말더듬 유전자의 발견은 사람이 말을 하는 분자
생물학적 과정을 밝힐 수 있는 초석이 될 것으로 보입니
다. 또한 리소좀 약물 표적화 경로를 조절할 수 있는 물
질을 찾는다면 말더듬 치료제도 개발될 수 있을 것이므
로 신약 표적화를 최초로 제시하였다는 점에서 파급효
과가 클 것입니다.

4. 연구과정 중의 에피소드

대학교 2학년 어느 수업시간에 교수님께서 학생들에
게 "유전자가 담당하는 기능을 한 가지씩 예를 들어보
라"고 하셨습니다. 저는 그때 별 생각 없이 "유전자는
생각하고 말하는 기능을 담당한다"고 대답하였습니다.
물론 그때 당시에는 말하는 유전자가 알려지지도 않았
었고, 설마 말하는 유전자가 존재할 거라는 생각을 하기
도 쉽지 않았던 시절이었습니다. 막상 저 자신이 말더듬
유전자를 찾은 셈이니 그때 저의 대답은 적어도 50점은
되었나 봅니다.

또 하나 생각나는 에피소드가 있습니다. 말더듬 유전
자를 찾기 위해서는 엄청난 양의 DNA 염기서열분석을
수행해야 했는데, 1년간 총 45개의 유전자를 혼자서 염
기서열분석을 하였습니다. 몸과 마음이 이미 지치고, 가

장 가능성 높은 45개의 유전자에서 돌연변이를 찾지 못했다고 판단한 저는 결국 이 프로젝트를 포기하고 한국으로 돌아가겠노라고 연구책임자에게 통보를 하였습니다. 그 후 1주일 동안 이력서도 준비하고 또 후임자에게 넘겨 줄 자료를 살펴보던 차에 GNPTAB라는 유전자내 변이가 눈에 들어왔고 비로소 말더듬 유전자를 찾았다는 기쁨에 책상에서 울었던 기억이 납니다. 이미 찾아놓은 말더듬 유전자를 두 달 동안 저는 몰랐던 겁니다. 등잔 밑이 어둡다는 말이 제 경우를 두고 하는 말인가 봅니다.

5. 연구활동과 관련된 앞으로의 계획

말더듬을 모델 질환으로 활용하여 뇌의 언어기능을 관장하는 경로를 밝히는 것을 제 연구인생의 목표로 설정하였습니다. 현재 1단계로 말더듬 모델 마우스를 만들고 있습니다. "마우스가 말을 못하는데 어떻게 마우스가 말더듬 연구 모델이 될 수 있냐"라는 질문을 가끔씩 듣습니다. 잘 알려져 있지 않지만, 마우스는 사람이 들을 수 없는 고주파수의 발성(vocalization)을 통해 서로 의사소통을 하고 있습니다. 따라서 마우스의 발성 패턴의 변화가 말더듬으로 간주할 수 있는 것입니다. 이외에도 말

더듬 마우스의 뇌신경내 변이를 관찰하여 뇌의 언어기
능을 연구할 계획입니다.

6. 기타 하고 싶은 말씀

논문이 온라인으로 공개되고 나서 미국 내 거의 모든
언론에서 "말더듬 유전자의 최초 발견"이라는 제목으로
저희 연구를 앞다투어 보도하였습니다. 이런 영광스러
운 순간이 오기까지 많은 분들이 저에게 도움을 주었습
니다. 프로젝트를 맡겨주신 NIH의 Dennis Drayna 박사
님, 박사과정 때 연구의 눈을 뜨게 해 주신 강창원 교수
님, 배상철 교수님 그리고 생물학 분야로의 첫 발을 디
디게 해 주신 강계원 교수님께 고마움을 전해 드리고 싶
습니다. 힘든 가운데 묵묵히 옆에서 지켜봐주고 격려해
준 아내에게도 감사한 마음을 전합니다.

참고문헌

Ainsworth, S.H. and Fraser, J.H. (1986). If Your Child Stutters: A Guide for Parents Speech Foundation of America.

Ambrose, N. and Yairi, E. (1999). Normative disfluency data for early childhood stuttering. *Journal of Speech, Language, and Hearing Research*, 42, 895-909.

Andrews, G., Craig, A., Feyer, A.M., Hoddinott, S., Howie, P. and Neilson, M. (1983). "Stuttering: a review of research findings and theories circa 1982". *The Journal of Speech and Hearing Disorders* 48 (3): 226-46.

Austin, James H. (1999). Zen and the Brain: Toward an Understanding of Meditation and Consciousness, Cambridge: MIT Press.

Azeemi, Khawaja Shamsuddin Azeemi. (2005). Muraqaba: The Art and Science of Sufi Meditation. Houston: Plato.

Bennett-Goleman, T. (2001). Emotional Alchemy: How the Mind Can Heal the Heart, Harmony Books.

Benson, Herbert and Miriam Z. Klipper. (2000 [1972]). The Relaxation Response. Expanded Updated edition. Harper.

Bloodtein, (1995). A Handbook on Stuttering.

Bothe, A.K., Davidow, J.H., Bramlett, R.E., Franic, D.M. and Ingham, R.J. (2006). "Stuttering Treatment Research 1970-2005: II. Systematic Review Incorporating Trial Quality Assessment of Pharmacological Approaches". *American Journal of Speech-Language Pathology*, Vol. 15 (4): 342-352.

Bothe, A.K., Finn, P. and Bramlett, R.E. (2007). "Pseudoscience and the SpeechEasy: Reply to Kalinowski, Saltuklaroglu, Stuart, and Guntupalli (2007)". *American Journal of Speech- Language Pathology*, Vol. 16: 77-83.

Brosch, S. and Pirsig, W. (2001). "Stuttering in history and culture". *Int. J. Pediatr. Otorhinolaryngol.* Vol. 59 (2): 81-7.

Conture, E.G., and Fraser, J. (1999). Stuttering and Your Child: Questions and Answers. Stuttering Foundation of America.

Craig, A., Hancock, K., Tran, Y., Craig, M. and Peters, K. (2002). "Epidemiology of Stuttering in the Community Across the Entire Life Span". *J. Speech Lang. Hear. Res.* 45 (6): 1097-105.

Craven, J.L. (1989). Meditation and psychotherapy. *Canadian Journal of Psychiatry.* Oct;34(7):648-53. PubMed abstract PMID 2680046.

Do You Stutter: A Guide for Teens (2004). Stuttering Foundation of America.

Effective Counseling in Stuttering Therapy (2003). Stuttering Foundation of America.

Erhard, Vogel. (2001) *Journey Into Your Center*, Nataraja Publications.

Fraser, J. and Fraser, J. (2008). Trouble at Recess., Stuttering Foundation of America.

Fraser, Jane H. and Perkins, W. (1997). Do You Stutter: A Guide for Teens. Speech Foundation of America.

Fraser, Malcolm (1984). Self-Therapy for the Stutterer. Speech Foundation of America, Publication No. 12.

Fraser, Malcolm. (1998). Advice to Those Who Stutters, Stuttering Foundation of America.

Geus, Eelco de. (1999). Sometimes I Just Stutter, Stuttering Foundation of America.

Guitar, Barry (2006). The Child Who Stutters: To the Pediatrician (Publication). Stuttering Foundation of America.

Guitar, Barry E. (1996). Do You Stutter: Straight Talk for Teens Stuttering Foundation of America.

Hayes, S.C., Strosahl, K.D., and Wilson, K.G. (1999). Acceptance and Commitment Therapy. New York: Guilford Press.

Hood, Stephen B. (1998). Advice to Those Who Stutter. Stuttering Foundation of America.

Kalinowski, J.S., and Saltuklaroglu, T. (2006). Stuttering. San Diego: Plural Publishing.

Kloth, S., Janssen, P., Kraaimaat, F. and Brutten, G. (1995). Speech-motor and linguistic skills of young stutterers prior to onset., *Journal of Fluency Disorders* 20 (20): 157-70.

Krishnamurti, Jiddu. (1999). This Light in Oneself: True Meditation,

Shambhala Publications.

Kuster, Judith Maginnis. (2005). "Folk Myths About Stuttering". Minnesota State University.

Kutz, I., Borysenko, J.Z. and Benson, H. (1985) Meditation and psychotherapy: a rationale for the integration of dynamic psychotherapy, the relaxation response, and mindfulness meditation. *American Journal of Psychiatry*, Jan;142(1):1-8. PubMed abstract PMID 3881049.

Lazar, Sara W. (2005) "Mindfulness Research." In: Mindfulness and Psychotherapy. Germer C, Siegel RD, Fulton P (eds.) New York: Guildford Press.

Levin, Michal. (2002) Meditation, Path to the Deepest Self, Dorling Kindersley.

Long, Barry. (2005) Meditation: A Foundation Course — A Book of Ten Lessons. Guitar, Barry (2005). Stuttering: An Integrated Approach to Its Nature and Treatment. San Diego: Lippincott Williams & Wilkins.

Lutz, Antoine; Richard J. Davidson; et al. (2004). Long-term meditators self-induce high-amplitude gamma synchrony during mental practice. Proceedings of the National Academy of Sciences.

Maguire, G.A., Riley, G.D., Franklin, D.L. and Gottschalk, L.A. (2000). Risperidone for the treatment of stuttering. *Journal of clinical psychopharmacology*, 20 (4): 479-82.

Mansson, H. (2000). Childhood stuttering: Incidence and development. *Journal of Fluency Disorders*, 25 (1): 47-57.

Metzner, R. (2005). Psychedelic, Psychoactive and Addictive Drugs and States of Consciousness. In Mind-Altering Drugs: The Science of Subjective Experience, Chap. 2. Mitch Earlywine, ed. Oxford: Oxford University Press.

MirAhmadi, As Sayed Nurjan (2005). Healing Power of Sufi Meditation The Healing Power of Sufi Meditation, Islamic Supreme Council of America.

Nirmalananda, Giri, Swami (2007). Om Yoga: It's Theory and Practice In-depth study of the classical meditation method of the Bhagavad Gita, Yoga Sutras of Patanjali, and the Upanishads.

Nwokah, E. (1988). The imbalance of stuttering behavior in bilingual speakers. *Journal of Fluency Disorders*, 13: 357-373.

Perez-De-Albeniz, Alberto & Holmes, Jeremy (2000). Meditation: Concepts, Effects And Uses In Therapy. International Journal of Psychotherapy, March 2000, Vol. 5 Issue 1: 49-58.

Proctor, A. and Duff, M. and Yairi, E. (2002). Early childhood stuttering: African Americans and European Americans. *ASHA Leader 4* (15): 102.

Reese, S. and Jordania, J. (2001). Stuttering in the Chinese population in some Southeast Asian countries: A preliminary investigation on attitude and incidence, "Stuttering Awareness Day"; Minnesota State University, Mankato.

Rieber, R.W. and Wollock, J. (1977). The historical roots of the theory and therapy of stuttering. *Journal of Communication Disorders*, 10 (1-2): 3-24.

Shalif, Ilan et al. (1989). Focusing on the Emotions of Daily Life (Tel-Aviv: Etext Archives, 2008).

Shapiro, D.H. Jr. (1992). Adverse effects of meditation: a preliminary investigation of long-term meditators. *Int. Journal of Psychosom.* 39(1-4): 62-7.

Sheen, Joseph. (2007). Messages to Stutterer + No Words To Say, DVD version, Studio Amick Holzman Company.

Smith, Fritz Frederick. (1986). Inner Bridges: A Guide to Energy Movement and Body Structure, Humanics Ltd. Partners.

Sogyal, Rinpoche. (2000). The Tibetan Book of Living and Dying.

Stuttering and Your Child: Question and Answers (1999). Stuttering Foundation of America.

Stuttering: Straight Talk for Teachers Handbook (2008). Stuttering Foundation of America .

Tart, Charles T. editor. (1969). Altered States of Consciousness.

Trungpa, C. (1973). Cutting Through Spiritual Materialism, Shambhala South Asia Editions, Boston, Massachusetts.

Trungpa, C. (1984). Shambhala: The Sacred Path of the Warrior, Shambhala Dragon Editions, Boston, Massachusetts.

Ward, David. (2006). Stuttering and Cluttering: Frameworks for understanding treatment. Hove and New York City: Psychology Press.

Wenner, Melinda. (2007). Brain Scans Reveal Why Meditation Works., LiveScience.com.

Yairi, E. (1993). Epidemiologic and other considerations in treatment efficacy research with preschool-age children who stutter. *Journal of Fluency Disorders*, 18: 197-220.

Yairi, E. (2005). On the Gender Factor in Stuttering, Stuttering Foundation of America Newsletter: 5.

Yairi, E. and Ambrose, N. (1992). A longitudinal study of stuttering in children: A preliminary report. *Journal of Speech, Language, and Hearing Research*, 35, 755-760.

Yairi, E. and Ambrose, N. (1999). Early childhood stuttering I: Persistence and recovery rates. Journal of Speech, Language, and Hearing Research, 42, 1097-1112.

Yairi, E. and Ambrose, N. (2005). Early Childhood Stuttering: For Clinicians by Clinicians, Chapter 7, Pro-Ed, Austin, TX.

Yairi, E., Ambrose, N. and Cox, N. (1996). Genetics of stuttering: a critical review. *Journal of Speech Language Hearing Research* 39: 771-784.

http://biz.heraldm.com/common/Detail.jsp?newsMLId=200903300 00142

http://en.wikipedia.org/wiki/Stuttering

http://EzineArticles.com/?expert=Jasmine_Sanchez

http://web.archive.org

http://www.imdb.com/name/nm0000054/bio

http://www.imdb.com/name/nm0000469/bio

http://www.mdtoday.co.kr/health/news/index.html?cate=16&no= 12064

http://www.mnsu.edu/comdis/isad8/papers/reitzes8.html

http://www.mnsu.edu/comdis/isad8/papers/reitzes8.html

http://www.mt.co.kr/view/mtview.php?type=1&no=20090327094
    75392666&outlink=1

http://www.nature.com/news/2010/100210/full/news.2010.61.html

http://www.stutteringhelp.org/Research/eyairi.html

http://www.stutterSFA.org

찾아보기

유창성 장애의 이해와 치료

초판1쇄 발행 • 2010년 11월 25일

지은이 • 장승옥 · 신상헌
펴낸이 • 이재호
펴낸곳 • 리북
등 록 • 1995년 12월 21일 제13-663호
주 소 • 서울시 마포구 서교동 395-68 서연빌딩 2층
전 화 • 02-322-6435
팩 스 • 02-322-6752

정 가 • 12,000원

ISBN 978-89-87315-37-9